Die schönsten Gute-Nacht-Geschichten vom Sandmann

Buchverlag Junge Welt

Heute erlebt Pia einen besonderen Tag. Ihr Freund Tommy, der schon groß ist, geht mit ihr zum Abenteuerspielplatz.
Dort bauen die Kinder gerade an einem Baumhaus. Es wird gehämmert und geklopft, gesägt und zugeschnitten. Eine alte Leiter führt hinauf in den Baum. Pia klettert geschickt hoch, um zu sehen, wie weit das Baumhaus schon ist.

"Hallo, Tommy", ruft sie von oben und winkt. "Der Boden und zwei Wände sind schon richtig gut geworden. Es wäre toll, wenn die nächste Wand ein Fenster bekäme. Oh, ich habe eine super Idee." Aufgeregt klettert sie wieder herunter.

Tommy sägt gerade neue Bretter für die dritte Wand zu, während Sebastian und Philipp Nägel ins Holz schlagen.
Pia begibt sich auf die Suche nach dem richtigen Material für ihre Idee. Sie kramt in einer großen Kiste mit Werkzeug und fischt eine

lange Schnur und eine Schere heraus. In einem Schrank entdeckt sie Wäscheklammern. Und da ist sogar eine kleine Glocke.
Pia probiert sie aus und ein heller Glockenton erklingt.

"Tommy, Tommy!", ruft sie aufgeregt, während sie zurück zum Baumhaus stürmt. "Hör doch nur, eine Glocke!"
"Was willst du denn damit machen?", fragt

Tommy und lacht. "Soll das eine Haustürklingel werden?"
"Nein", sagt Pia und reckt ihr Kinn stolz in die Luft, "das wird eine Nachrichtenbeförderungsanlage."

"Eine was?", fragt Philipp, der zugehört hat und neugierig geworden ist.
"Ihr habt richtig verstanden. Ich baue eine Nachrichtenbeförderungsanlage. Damit kann man Briefe oder Fragen, Nachrichten oder Antworten hoch zum Baum und zurück transportieren.
Das wird lustig."
Und schon begibt sie sich ans Werk. Erst misst sie die Entfernung vom Boden zum Baumhaus und schneidet die Schnur auf diese Länge. Das obere Ende befestigt sie an einem Ast. An das untere Ende bindet sie das Glöckchen und macht die Wäscheklammer fest.

"Fertig!", ruft sie freudig. "Es kann losgehen." Pia klettert auf den Baum und erklärt: "Wer eine Nachricht senden will, muss seinen Zettel mit der Wäscheklammer befestigen und dann am Glöckchen klingeln.
Dann weiß ich, dass Post da ist und kann die Nachricht hochziehen."
"Gute Idee". Tommy berät sich mit den anderen und fängt gleich an, etwas auf einem Zettel aufzumalen.
Er klingelt und eifrig zieht Pia die Nachricht hoch.
Sie sieht gerade noch, wie die anderen Kinder lachend verschwinden.

Auf dem Blatt Papier ist ein Plan vom Abenteuerspielplatz aufgezeichnet, es sieht wie eine Schatzkarte aus. Es dauert eine Weile, bis sie begreift, dass sie den eingezeichneten Wegen folgen soll.

Sie klettert die Leiter herunter und geht mit der Karte in der Hand um den Schuppen herum, durch die kleine Werkstatt, am Sammelplatz vorbei und gelangt zu den Tischen in der Nähe des Lagerfeuerplatzes.

„Hallo, wo seid ihr?", ruft sie und entdeckt einen zugedeckten Korb auf einem Tisch. Die anderen kommen aus ihren Verstecken angelaufen. „Du hast unsere Überraschung gefunden und darfst jetzt das Picknick verteilen", schlägt Philipp vor.

Kurz darauf sitzen sie gemütlich am Tisch und essen Kirschen und Äpfel, Brote und Joghurt und lutschen Bonbons.

„Bald können wir in unserem Baumhaus essen", meint Tommy stolz, einem Haus mit einer eigenen Nachrichtenbeförderungsanlage." Er klopft seiner kleinen Freundin anerkennend auf den Rücken und sie strahlt vor Freude.

Nach dem Essen bauen alle Kinder gemeinsam weiter am Baumhaus, bis die Sonne untergeht und es Zeit ist nach Hause zu gehen.

Als Pia an diesem Abend in ihrem warmen Bett liegt und der Sandmann kommt, um den Traumsand zu streuen, stellt sie sich vor, wie es wäre im Baumhaus zu schlafen. Sie sieht den Sandmann auf einem großen Schmetterling fliegen. Er winkt ihr freundlich zu.

Pia schaut in den Himmel. Die grünen Blätter des Baumes rauschen sanft im Wind. Kleine weiße Schäfchenwolken treiben am dunkelblauen Nachthimmel. Ein Vogel trällert sein Gute-Nacht-Lied und der Mond geht langsam auf. Schläfrig streckt sich Pia ein letztes Mal, gähnt ausgiebig und schläft glücklich ein.

DIE HILFSBEREITEN DELFINE

Der Sandmann traf seine Vorbereitungen für die Nacht. Er packte den Schlafsand in seinen Leinensack, zog ihn sorgfältig zu und trug ihn zum Ufer des großen Meeres. Heute wollte er mit dem Segelboot reisen, um den Kindern die schönsten Träume zur Nacht zu überbringen. Mit einiger Kraftanstrengung schob er das Segelboot ins Wasser und die Wellen und der Wind nahmen ihn freundlich auf. Das braune Segel straffte sich und trug das Boot zügig auf die Insel zu, die das Ziel des Sandmanns war.

Sanft schaukelte das Boot über die Wellen. Der Sandmann hatte es sich so richtig gemütlich gemacht und beobachtete den wunderschönen Sonnenuntergang. Rot und golden schimmerten die letzten Sonnenstrahlen durch die Wolken und tauchten das Meer in ein sanftes Licht. Da bemerkte der Sandmann, dass irgendetwas nicht stimmte. Er schaute sich um. Natürlich, jetzt wusste er, was passiert war. Der Wind hatte sich gelegt. Die Segel hingen schlaff in den Seilen, das Boot bewegte sich nicht mehr vorwärts.

Da saß unser Sandmann nun mitten auf dem Meer und kam nicht weiter. Er überlegte, was zu tun sei, denn die Kinder auf der Insel warteten bestimmt schon ungeduldig. Er kramte überall im Boot herum und fand tatsächlich ein paar Ruder. Aber wie mühsam war es, das Boot gegen die Wellen anzurudern. Schon wurden ihm die Arme schwer. Er würde es niemals rechtzeitig ans Land schaffen. Der Sandmann seufzte und kratzte sich am Bart. Es musste doch eine Lösung geben.

Er schaute hinauf in den Himmel, ob von oben Hilfe käme, aber weder Möwen noch Pelikane waren zu sehen. Also hielt er im Wasser Ausschau. Der Sandmann beugte sich weit über die Reling und versuchte eine Bewegung im Wasser auszumachen.

Plötzlich sprang etwas blitzschnell auf ihn zu und berührte ihn fast an der Nasen-spitze. Vor Schreck wäre er beinahe aus dem Boot gepurzelt. Ein Delfin war übermütig hochgesprungen. Seine Neugier hatte ihn zum Boot getrieben und nun wollte er sehen, wer da unterwegs war. Da Delfine sehr kluge Tiere sind, begriff dieser sofort die unglückliche Lage des Sandmanns. Es war sonnenklar, dass seine Hilfe benötigt wurde. So schnell wie er gekommen war, tauchte der Delfin zurück ins Wasser und war auf und davon. Der Sandmann wartete auf ein erneutes Auftauchen dieses lustigen Gesellen, aber er würde sich bestimmt nicht wieder so weit über Bord beugen. Wenige Minuten vergingen, bis der Delfin zurück geschwommen kam. Er hatte jede Menge Freunde und Freundinnen mitgebracht. Sie alle wollten dem Sandmann helfen zur Insel zu gelangen, bevor die Sonne ganz untergegangen war. Er musste nur ein paar Seile ins Wasser lassen, die er vorher sorgfältig am Boot befestigt hatte.

Schon schnappten sich die fleißigen Delfine die Leinen mit ihren Mäulern und schwammen los. Sie zogen gemeinsam und das Boot flog mit ihnen übers Wasser. Ui, nun war der Sandmann schneller als der Wind. Mühelos holte er die verlorene Zeit wieder ein und kam rechtzeitig am Ufer der Insel an. Seine Freunde halfen ihm noch das Boot ans Land zu schieben, bevor sie sich lauthals von ihm verabschiedeten. Sie vollführten noch manchen Sprung und ritten auf den Wellen davon. Dankbar winkte ihnen der Sandmann hinterher. Er würde diese abenteuerliche Reise nicht so schnell vergessen.

Er warf sich das Säckchen mit dem Traumsand über und machte sich auf den Weg zu den Kindern.

KalliWal

Kalli kann noch gar nicht schlafen!
Kalli muss noch baden.
„Baden gehe ich am liebsten."
Kalli springt in die Badewanne.
Das darf er zwar nicht, aber es
spritzt so schön.
Kalli kann schon
tauchen und die
Quietschente weg-
spritzen. Mit dem
Mund und ganz allein!

„Ich kann auch alles nassmachen!"
Kalli plantscht ganz doll und alles wird nass.
KalliMami kommt und schimpft: „Du machst
ja alles nass! Jetzt ist aber Schluss mit Baden!
Ab ins Bett!"
Sie holt den Kalli aus der Badewanne und
rubbelt ihn ganz trocken. Kalli purzelt auf's
Bett und hätte gern noch weitergespritzt.
„Ich möchte ein Wal sein. Dann kann ich
immerzu große Fontänen spritzen!"

Uuund
– schwupps –
ist Kalli ein
KalliWal

und schwimmt im großen Meer.
„Hurra, ich habe eine riesengroße
Schwanzflosse!"
Damit kann er ganz schnell schwimmen und
tauchen und spritzen.
Und das macht der
KalliWal. Es gibt richtig
große Wellen.
„Hoffentlich schwappt
das Meer nicht über!"

Von ganz hinten kommt ein großes Schiff
gefahren.
Auf dem Schiff füttern Leute Möwen.
Eine Möwe ist ganz frech und setzt sich auf die
Nase von KalliWal.
„He, meine Nase!"
Das lässt sich ein KalliWal doch
nicht gefallen!
Er spritzt ganz hoch und die
Möwe flattert weg.
Neugierig schwimmt
KalliWal dichter an das Schiff.

Er spritzt erst ein bisschen und dann ganz
hoch – schon sind alle Leute auf dem Schiff
pitschnass!

„Fotografieren ist doch lustig", sagt Kalli. „Da kann man komische Gesichter machen und so!"

KalliPinguin macht komische Gesichter und alle Pinguine sind begeistert: „Komische Gesichter machen wir jetzt immer!"

Da kommt schon der Forscher um die Schneewehe gewetzt! Aber es ist kein Pinguinforscher, es ist Reinbold Messbär mit ganz blauen Füßen.

Von den Pinguinen will er trotzdem ein Foto machen und dabei entdeckt er KalliPinguin.

„Das muss ich doch gleich den Nachrichten melden, ein blauer Pinguin!"

Er packt seinen Sender aus und schickt Nachricht und Foto los.

„He, was bist du denn für einer?", fragt Reinbold dann und KalliPinguin antwortet: „Ich bin Kalli und wollte den Pinguinen warme Schuhe bringen. Aber die brauchen keine. Du vielleicht?"

Der Reinbold guckt auf seine blauen Zehen. Kalli gibt ihm die weißen Schafstiefel.

„Aber die sind mir doch viel zu klein", lacht Reinbold.

„Die passen!", sagt KalliPinguin bestimmt. „Bei der Kälte sind die Füße ganz klein geworden!"

Das ist auch so. Reinbold schenkt KalliPinguin das Foto und sagt: „Danke schön! Ich muss jetzt weiter!"

KalliPinguin will auch weiter und zwar in sein Bett. Uuund

– schwupps –

ist er in seinem Bettchen. KalliPapi sitzt wieder vor den Nachrichten.

„Sensationelles Foto vom blauen Pinguin am Südpol", heißt es diesmal.

KalliPapi wundert sich: „Ein blauer Pinguin am Südpol? Der war doch eben noch am Nordpol! Und wieso sieht der so aus wie Kalli?"

KalliMami kichert: „Der Pinguin sieht ja aus wie unser Kalli!"

„Mein Sohn ist kein Pinguin!", ruft KalliPapi und geht nachgucken, ob das so ist.

Und das ist so!

Schlaf schön, Kalli!

Sie standen bereits an den Fenstern, drückten sich die Nasen platt und rätselten schon seit einiger Zeit, womit der Sandmann wohl heute käme. Die Inselkinder wollten ihren Augen nicht trauen, als sie den Sandmann in seinem Segelboot entdeckten, von Delfinen gezogen.

Während der Sandmann auf die Häuser zulief, rannten sie ihm ungeduldig entgegen. Sie klatschten vor Freude in die Hände und umringten ihn. Er begrüßte jedes Kind und alle setzten sich in einem Kreis an den Strand. Ein kleines Mädchen kletterte auf seinen Schoß. Nun wollten die Kinder natürlich genau wissen, wieso die Delfine das Segelboot gezogen hatten. Also erzählte ihnen der Sandmann die ganze abenteuerliche Geschichte. Aufmerksam lauschten die Kinder, während die Sonne allmählich im Meer versank. Nun war es wirklich Schlafenszeit. Der Sandmann begleitete die Kinder nach Hause und streute seinen Schlafsand. Sie kuschelten sich ein und die Augen wurden ihnen schwer. Liebevoll verabschiedete er sich um seinen Weg übers Meer fortzusetzen.

Als schließlich alle Kinder der Insel in einen tiefen Schlaf gefallen waren, träumten sie vom weiten Meer, von sanften Wellen, goldenen Wolken und hilfsbereiten Delfinen. Gute Nacht und schlaft recht schön!

KalliPinguin

Kalli will noch nicht schlafen. Er hat ein neues Bilderbuch mit Pinguinen!

„Bekommen Pinguine denn keinen Schnupfen? Die stehen doch den ganzen Tag mit nackten Füßen auf dem Schnee herum!"

Kalli will nicht, dass die Pinguine Schnupfen bekommen!

Er hat drei Paar Winterstiefel.

„Da bringe ich zwei Paar den Pinguinen!"

Kalli will ein Pinguin sein.

Uuund

– schwupps –

ist Kalli ein Pinguin und steht am Nordpol im ewigen Eis.

Ist das kalt!

Pinguine sind nicht zu sehen. Auf einer Eisscholle treibt ein kleines Zelt vorbei. Professor Nordnordpolson schaut heraus, greift zum Fernglas und staunt: „Ein Pinguin am Nordpol? Ein blauer noch dazu! Das muss ich sofort den Nachrichten melden! Pinguine gibt es doch nur am Südpol!"

Ach so, KalliPinguin muss zum Südpol!

– schwupps –

steht KalliPinguin am Südpol zwischen vielen anderen Pinguinen.

Zu Hause hat KalliPapi den Fernseher eingeschaltet und sieht die Nachrichten: Reinbold Messbär will barfuß über den Südpol laufen! Und: blauer Pinguin am Nordpol entdeckt!

KalliPapi schüttelt den Kopf und denkt: ,Die Welt wird auch immer verrückter!'

KalliPinguin ist am Südpol.

Die Pinguine sind lustig.

Sie rutschen vom Eisberg ins Wasser, schwimmen und tauchen, klettern wieder aus dem Wasser, watscheln herum und rutschen wieder.

Aber KalliPinguin traut sich nicht hinein ins Wasser.

„Ist doch viel zu kalt!"

Pinguine haben dichte Federn und eine dicke Haut. Nicht mal an den Füßen frieren sie.

Aber KalliPinguin behält seine Stiefel lieber an. Er will ja keinen Schnupfen bekommen.

Plötzlich ruft ein Pinguin: „Achtung! Alle mal zum Gruppenbild aufstellen!"

„Diese Forscher", sagt ein anderer Pinguin, „Immer wollen sie uns fotografieren!"

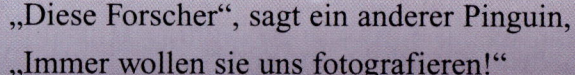

ob es geklappt hat, einverstanden?", schlägt Hanna vor. „Das verspreche ich dir", sagt Vanessa.

Abends ist Vanessa froh, dass sie sich ausruhen kann. An ihren Wunsch denkt sie nicht mehr. Aber sie kann ihren Eltern noch einige Tiere aufzählen, die sie gesehen hat.

Vanessa liegt im Bett, schließt die Augen und denkt an die Affenbabys, die bestimmt längst schlafen. Auch Vanessa gähnt und fühlt sich unter ihrer Bettdecke warm und wohl. In ihren Träumen hört sie ein Brummen. Sie steht auf und schaut nach, was da so ein fremdes Geräusch macht. Vor ihrem Fenster schwebt ein großer Zeppelin und der Sandmann winkt ihr zu und lädt sie ein mitzufliegen. Das lässt sich Vanessa nicht zweimal sagen. Mit einem Satz springt sie in die

„Ach, alles Mögliche, dass die Oma wieder gesund wird oder dass man einen Hamster zum Geburtstag bekommt oder dass man in den Ferien nach Griechenland fährt."

Vanessa ist entschlossen es auszuprobieren und überlegt, was sie sich wünschen könnte. Das ist ja wie Zauberei. Ob das wirklich funktioniert? Sie kramt in ihrer Jackentasche und findet tatsächlich ein Zehnpfennigstück.

Sie wirft das Geld in den Wunschbrunnen, schließt die Augen und wünscht sich ganz fest, einmal mit dem Sandmann in seinem großen Zeppelin fahren zu dürfen. Es muss wunderbar sein am Himmel zu schweben und Städte, Wiesen und Wälder von oben zu betrachten. „Na, was hast du dir gewünscht?", schreckt Hanna sie aus ihren Gedanken auf. „Das ist mein Geheimnis." „Du hast recht, man darf seinen Wunsch nicht verraten, sonst geht er nicht in Erfüllung. Aber erzähle mir bitte,

Gondel und gemeinsam fliegen sie los.

Neugierig schaut sie von oben herab und es ist so schön, wie sie es sich vorgestellt hat. Gerade fliegen sie über den Zoo hinweg. Die Papageien haben ihre Köpfchen unter die Flügel gesteckt und die rosa Flamingos schlafen auf einem Bein stehend.

Während ihrer Fahrt streut der Sandmann seinen Traumsand aus. Und weit unter ihnen glitzert im Wunschbrunnen ihr Zehnpfennigstück im Mondlicht.

KalliRotkäppchen

Kalli kann noch nicht schlafen.

KalliMami hat mal wieder das Märchen vom Rotkäppchen vorgelesen.

„So ein blödes Rotkäppchen!"

Wieso fällt das Rotkäppchen immer wieder auf den bösen Wolf herein?

„Wenn ich ein Rotkäppchen wäre, dann würde ich es dem Wolf aber zeigen!"

Kalli möchte ein Rotkäppchen sein.

Uuund

– schwupps –

ist Kalli ein KalliRotkäppchen.

Jetzt aber schnell zur Großmutter!

Aber wo wohnt die Großmutter?

Da kommt doch jemand!

Vielleicht kann KalliRotkäppchen fragen?

„Lieber nicht, das ist der Wolf."

Der Wolf wundert sich: „War hier nicht eben ein Rotkäppchen?"

Aber es ist kein KalliRotkäppchen zu sehen.

„Gut, dann geh ich die Großmutter fressen!"

So spricht der Wolf zu sich und geht weiter.

Wo ist nur das KalliRotkäppchen geblieben?

„Hier, hier oben!" - Auf einem Baum!

He, Kalli, der Wolf ist auf dem Weg zur Omi!

KalliRotkäppchen rutscht vom Baum.

„Ich muss nur dem Wolf nachlaufen, um zu Omis Haus zu kommen. Und dann kann er was erleben, der Wolf!"

KalliRotkäppchen flitzt durch den Wald.

Da steht der Wolf und pflückt Blümchen.

Mutig läuft KalliRotkäppchen mit seinem Körbchen zum Wolf.

„He, wollen wir nicht Picknick machen?"

„Picknick?" So was kennt der Wolf nicht!

KalliRotkäppchen packt sein Körbchen aus.

„Ich habe Obst, Kuchen und Wein!"

Der Wolf guckt verdutzt.

„Das kann man essen?"

„Ja sicher, und das schmeckt gut!"

Der Wolf beißt ein Stück vom Kuchen ab.

„Phantastisch, dieser Kuchen! Schmeckt viel besser als Großmütter! Wieso hat mir das keiner gesagt?"

Der Wolf möchte nun immer Kuchen essen!

„Meine Omi weiß, wie man Kuchen macht", sagt KalliRotkäppchen.

Schon ist der Wolf losgelaufen!

Die Omi bekommt einen großen Schreck, als KalliRotkäppchen mit dem Wolf vor der Tür steht. Doch KalliRotkäppchen erklärt: „Er möchte doch nur wissen, wie man leckeren Kuchen bäckt!"

„Ach so!" Die Omi ist beruhigt und gerührt, als der Wolf ihr die Blümchen schenkt.

Dann zeigt sie, wie man Kuchen macht.

„Butter und Schmalz, Zucker und Salz, Eier und Mehl, Safran macht den Kuchen gehl..."

Und in den Ofen! Eine halbe Stunde warten!

Der Wolf ist ganz aufgeregt und kann es kaum erwarten, dass der Kuchen fertig ist.

Dann ist es soweit!

Und der Kuchen ist ganz allein für den Wolf!

„Hmmm!", sagt der Wolf und „Danke schön, auf Wiederseh'n!" und schon ist er mit seinem Kuchen zur Tür hinaus.

Die Großmutter winkt ihm nach und ruft:

„Morgen backe ich einen Apfelkuchen!"

KalliRotkäppchen grinst und sagt: „Ich glaube, das ist der Beginn einer ganz wunderbaren Freundschaft!"

Kalli braucht kein Rotkäppchen mehr zu sein.

Uuund

– schwupps –

liegt Kalli wieder in seinem Kuschelbett.

Schlaf schön, Kalli!

DAS FEUERWERK

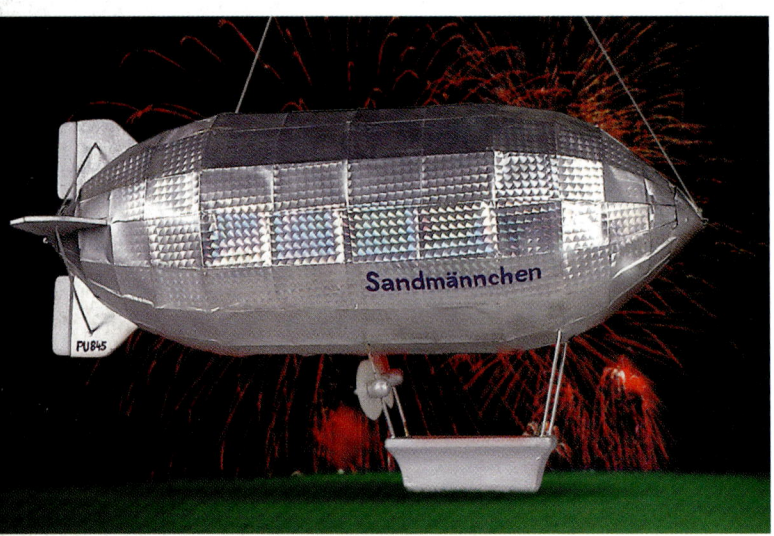

Heute war ein besonderer Tag in diesem Jahr, Silvester. Das alte Jahr verabschiedete sich und das neue begann. Überall auf der Erde würde es Feste geben, mit denen man das neue Jahr begrüßen wollte. Mit Gesang, Tanz und Silvesterraketen feierte man in den ersten Tag des neuen Jahres hinein. Selbst die Kinder durften in dieser Nacht länger aufbleiben als sonst. So war es auch für den Sandmann ein ungewöhnlicher Tag. Er hatte Lust, das große Ereignis von oben zu erleben. Er wollte vielen Menschen seinen geheimnisvollen Traumsand bringen, ihnen zuwinken und das Feuerwerk bewundern.

Er betrachtete all seine Fahrzeuge, die er das ganze Jahr über benutzt hatte. Er dachte daran, wie sie ihn auf den allabendlichen Weg zu den Menschen und den Tieren, fremden Wesen und Pflanzen gebracht hatten. Da standen das Feuerwehrauto und der Pferdewagen, die Lokomotive und das Segelboot, der Jeep und der Hubschrauber und all die anderen Fahrzeuge, die ihm treue Dienste geleistet hatten.

Wofür würde er sich heute entscheiden? Der Sandmann zupfte sich am Bart und überlegte. Welches Fahrzeug würde sich am besten für das große Fest eignen?

Da fiel sein Blick auf den Zeppelin. Er strahlte im silbernen Glanz und sah wirklich festlich aus. Ja, der Sandmann hatte sich für den Zeppelin entschieden. Er würde durch den Himmel gleiten wie eine mächtige, silberne Wolke am Horizont.

Aber zunächst musste das große Luftschiff mit starken Schnüren am Boden befestigt werden. Das Gas, das in die silberne Hülle gefüllt wurde, war leichter als die Luft und wäre der Zeppelin nicht fest verankert, würde er wie ein Luftballon auf und davon schweben. Nun musste ein Gegengewicht für die Gondel gefunden werden, damit der Zeppelin genau so schwer wie die Luft war um gut fliegen zu können. Also wollte sich der Sandmann Gäste einladen, die zusammen mit ihm das Feuerwerk von oben erleben durften. Es mussten genau so viele Gäste sein, dass alle zusammen das richtige Gewicht ergeben würden.

Der Sandmann spannte den Zirkuswagen hinter seine Ponys und sammelte von überall her Freunde ein. Kinder waren dabei und Tiere, Bäcker genauso wie Schäfer und Bauern, die lustige Gesellschaft, die ihm einmal den Reifen ausgewechselt hatte und sogar Gugelis vom Planeten Gugel. Alle setzten sich in den Zirkuswagen und fuhren zu der großen Wiese, auf welcher der Zeppelin glitzernd im Abendlicht stand und wartete. Gut gelaunt stiegen alle Silvestergäste in die große Gondel des mächtigen Zeppelins ein.

Aber die Gondel war immer noch etwas zu leicht. Da kamen überraschend neue Gäste angeflogen. Es war der König Kir in seinem Raumschiff vom Planeten Sor mit seiner Frau Kaili und dem Töchterchen Yirim. Und aus der anderen Richtung kam der Sultan auf seinem fliegenden Teppich. Sie wurden freudig begrüßt und den anderen Reisenden vorge-

Sie rennen erschrocken auf die andere Seite des Schiffes.

Das Schiff schwankt nach links!

Das gefällt KalliWal.

„Ein tolles Spiel!"

Er schwimmt um das Schiff herum und spritzt noch einmal.

Die Leute auf dem Schiff werden pitschepatschenass und rennen zurück.

Das Schiff schwankt nach rechts!

„Das macht Spaß!"

Der Kapitän wundert sich: „Wieso schaukelt mein Schiff denn so? Wir haben doch gar keinen Sturm."

Auf dem Schiff steht ein kleines Mädchen.

Es wirft KalliWal einen Ball zu.

KalliWal freut sich.

Er macht ganz tolle Sachen und wirft den Ball zwischen Nase und Flosse hin und her.

Das Mädchen jubelt und den Leuten gefällt das auch. Selbst der Kapitän ist begeistert.

Ein riesengroßer Eisberg erscheint und das Schiff fährt geradewegs darauf zu.

Keiner sieht den Eisberg! Alle gucken auf KalliWal!

Aber KalliWal hat den Eisberg gesehen.

„Ich muss ihn wegschieben!"

KalliWal versucht den Eisberg zur Seite zu schubsen, doch so ein Eisberg ist schwer, viel zu schwer.

KalliWal ist schnell außer Puste und pfeift kläglich.

Aber wenn ein Wal pfeift, hören das alle anderen Wale und kommen um zu helfen!

Gemeinsam schieben KalliWal und seine Walfreunde den Eisberg aus dem Weg.

Das ist ja gerade noch mal gut gegangen.

Jetzt merkt KalliWal, wie müde er ist.

Schnell will er wieder in sein Bett.

Uuund

– schwupps –

liegt Kalli wieder in seinem Bett.

Schlaf schön, Kalli!

DER WUNSCHBRUNNEN

Vanessa macht heute mit ihrer Kindergruppe einen Ausflug in den Zoo. Die Kinder schwatzen aufgeregt im Bus, der sie bis vor die Pforten des Zoos bringen wird. „Ich möchte zuerst die Seehundbabys sehen", sagt Vanessa. „Ich will aber lieber zu den Löwen", meint Fritz.

„Am besten gefällt mir, wenn die Pinguine und Elefanten gefüttert werden", findet Vanessas beste Freundin Hanna.

Endlich sind sie da. Zwei große Steinelefanten bewachen das riesige Tor zum Zoo. Die Kinder stürmen zur Kasse und können es kaum erwarten die ersten Tiere zu bestaunen. Vanessa und Hanna stehen Arm in Arm vor dem Affengelände und beobachten die flinken Tiere beim Turnen und Fangenspielen.

„Hanna, guck mal, das kleine Affenbaby, ist das nicht lustig?"

„Es klammert sich die ganze Zeit am Bauch der Mutter fest. Es hat so kleine Pfoten. So ein Äffchen hätte ich auch gern."

Als nächstes kommen die Tiger an die Reihe. Majestätisch liegen sie vor ihrer Höhle und nehmen keine Notiz von der Kindergruppe, die versucht sie mit Rufen anzulocken.

Dann ist es Zeit für die Robbenfütterung.

Der Pfleger wirft von einem Felsen aus Fische ins Wasser. Die Robben haben schon darauf gewartet und fangen die Fische geschickt auf. Manche klatschen mit ihren vorderen Schwimmflossen gegeneinander und hoffen auf einen besonderen Leckerbissen.

Nun gelangen die Kinder zum Spielplatz mit der Giraffenrutsche und dem Krokodilkarussell und tollen dort herum.

Vanessa entdeckt einen kleinen Brunnen in der Mitte des Platzes. Eine Robbe aus Stein spuckt eine Wasserfontaine in die Luft, die sich mit einem Plätschern in den Brunnen ergießt. Auf dem Beckengrund blitzen Geldstücke in der Sonne.

„Hanna, komm doch mal", bittet sie ihre Freundin, „hier liegt ganz viel Geld im Brunnen." „Das ist ein Wunschbrunnen", erklärt ihr Hanna, „wenn man ein Geldstück hineinwirft und sich etwas wünscht, dann geht es in Erfüllung, aber du musst ganz fest daran glauben." „Was darf man sich denn alles wünschen?" Vanessa ist begeistert.

stellt, bevor die Fahrt losging. Die dicken Schnüre wurden losgemacht, der Motor angelassen und der Sandmann steuerte den Zeppelin mit Hilfe der großen Ruder. Majestätisch schwebte das silberne Luftschiff am dunklen Abendhimmel. Und wo der Sandmann über Dörfer oder Städte kam, winkten ihm die Menschen zu und wünschten allen ein gutes neues Jahr. Endlich um Mitternacht gab es das schönste Feuerwerk, das man sich vorstellen kann.

"Seht doch nur, die Sternenraketen", jauchzte Prinzessin Yirim und zeigte auf die Erde.

"Ich liebe die roten und grünen Feuerlichter", schwärmte der Sultan.

"Und uns gefallen am besten die lauten Böller", schrien die Kinder gegen das Donnern und Knallen an.

So flog der mächtige Zeppelin mit seinen lustigen Gästen an Bord über die Erde. Ab und zu drang Musik bis zu ihnen hoch und

sie sahen die Menschen, wie sie in den neuen Tag hinein tanzten. Der Sandmann winkte von oben herab und wenn er seinen Traumsand ausstreute, so sah es von der Erde aus, als ob tausend glitzernde Sterne zur Erde schwebten und die Kinder riefen begeistert: "Seht nur, da kommt der Sandmann in einem wunderschönen Zeppelin. Ich habe mich schon gefragt, womit er heute, an diesem besonderen Tag, wohl kommen wird."

Als schließlich die Sonne am Horizont aufging, waren alle längst eingeschlafen. Der Sandmann aber steuerte das Luftschiff zurück zur Wiese, wo schon der Zirkuswagen wartete. Er befestigte die Schnüre, damit seine Gäste aussteigen konnten. Dann verabschiedete er sich von allen und winkte ihnen noch lange nach. Er wollte sich noch ein wenig ausruhen, denn auch an diesem ersten Tag im neuen Jahr würden viele Kinder auf ihn warten. So wie an allen Tagen des Jahres.

Weil Laura im November Geburtstag hat, wo es meistens kalt und ungemütlich ist und auch früh dunkel wird, hat sie sich etwas Besonderes ausgedacht. Sie gibt eine Gespensterparty mit einer Schatzsuche im Dunkeln. Ihre Gäste kommen alle in weiße Bettlaken gehüllt, aus denen sie durch zwei ausgeschnittene Löcher schauen. Kaum kann sie ihre Besucher auseinander halten, aber zum Glück erkennt sie die Freunde an ihren Stimmen. Es gibt eine Gespenstersahnetorte und jede Menge grünen Wackelpudding. Die blauen Vorhänge werden geschlossen und die Kinder essen bei Kerzenschein.

„Uh, ich bin das Schlossgespenst vom schwarzen Zauberer Hokuskadabra", stellt sich Robin vor und Svenja sagt: „Ich bin ein ganz liebes Gespenst. Ich spuke nur am Tag und auch nur ein kleines bisschen."

„Ich spuke am liebsten um Mitternacht", erklärt Katrin, „und erschrecke die anderen Geister."

Als alle Gespenster sich satt gefuttert haben, spielen sie Verstecken, und es gibt ein heilloses Durcheinander von Bettlaken, schaurigen Geräuschen und Kichern in allen Ecken der Wohnung. Danach liest Lauras Vater mit tiefer Stimme eine Gespenstergeschichte vor. Als es auch draußen endlich dunkel ist, bekommt jedes Gespenst eine Taschenlampe und dann gehen alle gemeinsam in den nahe gelegenen Park, wo Kreidepfeile und Zettelnachrichten den Weg zu einem vergrabenen Schatz weisen. Man sieht weiße Gestalten in wehenden Gewändern durch den Park stolpern, während helle Lichtpunkte durch die Nacht tanzen.

„Ich habe wieder einen Pfeil entdeckt!", ruft Katrin aufgeregt. „Er führt um die alte Eiche herum und über den Schotterweg."

„Hier ist ein Zettel mit einer Botschaft." Patrik wickelt das zusammengerollte Papier auseinander. „Es ist ein Turm aufgemalt, mit einem spitzen Dach."

„Ich hatte eben ein kleines Tor mit einem Schaukelpferd auf einer Spirale", sagt Laura.

Robin hält sich sein Licht unters Kinn und sieht wirklich gruselig aus, als er verkündet: „Das muss der Spielplatz sein. Der Schatz ist bestimmt im Turm auf dem Spielplatz. Hu, hu wir kommen."

Alle Gespenster rasen zum Spielplatz. Sie stürmen durch das kleine Eingangstor, am Schaukelpferd vorbei und besteigen den Turm der Kletterburg.

Laura erreicht als erste das Turmzimmer. „Ich habe den Schatz gefunden", jubelt sie und schwenkt einen Leinensack in der Hand. Nun setzen sich alle Gespenster in einen Kreis und beleuchten mit der Taschenlampe die Beute.

Im Sack finden sie Lakritzspinnen und Gummischlangen, Schokokäfer und Zuckerraupen, alles, was kleine Gespenster gerne naschen.
Laura teilt den Schatz gerecht auf und danach machen sie sich auf den Heimweg.

Nach dem Abendessen, als alle Gespenster von ihren Eltern abgeholt worden sind, ist Laura viel zu aufgeregt um gleich einzuschlafen. Deshalb darf sie noch ihr Lieblingsgeschenk zusammensetzen. Es ist ein Gespensterpuzzle, das im Dunkeln leuchtet. Obwohl es nicht leicht ist, setzt Laura es doch noch vor dem Zubettgehen zusammen.

„Mama, sieh nur, es ist fertig", verkündet sie stolz. „Komm, wir machen das Licht aus und sehen, ob es funktioniert." Sie knipsen den Lichtschalter aus. Die blauschwarze Burg funkelt im Dunkeln und Gespenster leuchten überall. „Ist es nicht wunderschön?", fragt Laura.

Mama lächelt und sagt: „Sieh nur, alle in der Burg schlafen längst. Ich glaube, es ist Zeit für den Sandmann. Dein neues Nachthemd wartet schon auf dich und deiner Puppe fallen auch bereits die Augen zu."

„Gute Nacht, Mama, gute Nacht, Papi, danke für den schönen Geburtstag."
„Gute Nacht, meine Große." Leise schließen die Eltern die Tür.

Laura betrachtet noch ein wenig ihr Puzzle, das im Dunkeln leuchtet. Nur langsam verblasst das Licht und Laura wird schläfrig, denn es war ein aufregender Tag.

Nanu, bewegt sich da etwas auf dem Puzzle? Laura sieht den Sandmann durch ein Fenster der Burg winken. Er hat sein Säckchen mit Schlafsand dabei und lächelt ihr liebevoll zu. Dann streut er den Traumsand. Das Burgfenster schließt sich und Laura fallen die Augen zu. Sie schläft auf der Stelle ein und träumt von Gespenstertorten, einer nächtlichen Schatzsuche und geheimnisvollen Burgen, die im Dunkeln leuchten.

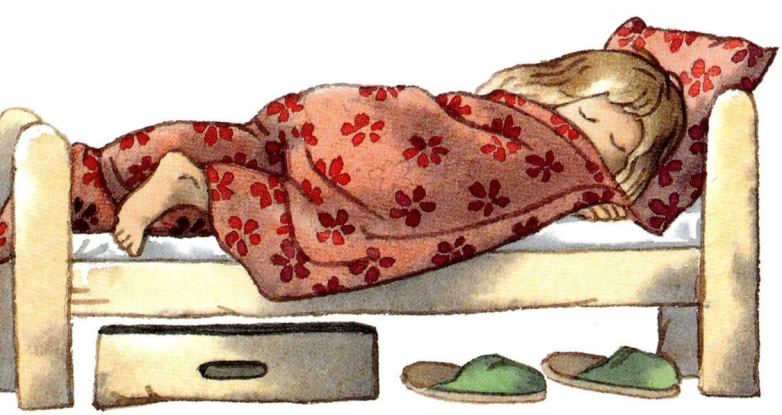

Minki Muschel schlich hinter einem Rotkehlchen her. Ihr Fell, das die Zeichnung einer Muschel hatte, glänzte im Sonnenschein. Sie war das jüngste Kätzchen aus dem Wurf und die etwas größeren und kräftigeren Geschwister machten sich gern lustig über sie.

"Na, Minki, von wem lässt du dich heute wieder abhängen?", fragte ihr Bruder Tom. Und Miranda meinte: "Oh, Minki, aus dir wird nie eine richtige Raubkatze."

Denn Minki hatte bei der Jagd auf Vögel bisher keinen Erfolg gehabt. Nun übte sie Anschleichen und Auflauern. Sie wusste, dieses Rotkehlchen würde am Ende doch entwischen, aber sie versuchte so nah wie möglich heranzukommen. Sie wollte ihm wenigstens eine Feder stiebitzen und ihren Geschwistern zeigen.

"Lasst mich bloß in Ruhe!", fauchte sie zurück. "Ihr seid doch nur neidisch auf mein schönes Fell."

Und stolz erhobenen Hauptes ging sie ihren Weg, während ihre Geschwister kicherten. Das Rotkehlchen, das ihr Fauchen gehört hatte, spreizte die Flügel und flog davon.

"Gemeinheit", zischte Minki und nahm die Verfolgung auf. Sie flitzte um die Ecke und beobachtete, wie sich das Rotkehlchen auf einem hohen Baum niederließ. Ohne ein Geräusch zu machen pirschte Minki sich an. Sie setzte vorsichtig ein Pfötchen vor das andere und duckte sich so weit wie möglich ins hohe Gras. Endlich war sie am Baumstamm angekommen. Sie blickte hoch und sah über sich auf einem Ast das Rotkehlchen sitzen. Es putzte sich in aller Ruhe sein Gefieder und zwischendurch trällerte es sein Lied. Minki fing auch gleich an ihr Fell zu putzen, bis ihr einfiel, warum sie sich angeschlichen hatte. Richtig, sie wollte eine Feder des Rotkehlchens erwischen. Schade, dass keine beim Putzen herunterfiel. Das hätte Minki viel Arbeit erspart. Sie ließ den Vogel keinen Moment aus den Augen, während sie sich an der Baumrinde hochzog. Mit ihren scharfen Krallen hielt sie sich fest, umschlang einen Ast und hoppla, fast wäre sie abgestürzt.

"Miau", entfuhr ihr ein Schrei. Sie rutschte ein Stück am Baum herunter, konnte sich gerade noch halten, aber das Rotkehlchen flog erschrocken auf und davon. "Mist, Mist und dreimal Mist", fauchte das Kätzchen. "Die anderen werden mich wieder auslachen."

Sie wollte gerade herabsteigen, als sie nach unten schaute. Ihr kleines Herz machte einen großen Satz. Unter Minki war es unendlich tief. Sie hatte beim Hinaufklettern nur Augen für den Vogel gehabt und gar nicht bemerkt, wie hoch sie gestiegen war. Jetzt erfasste das Kätzchen Panik und sie konnte sich nicht weiter bewegen. "Mama!", rief sie und ihre Stimme zitterte. "Tom, Miranda, helft mir!"

Aber die anderen waren viel zu weit fort und hörten sie nicht. Da klagte Minki jämmerlich und hielt sich zitternd am Ast fest. Allmählich wurde es dunkel und Minki war hungrig und fror. Sie wollte an Mamas Zitzen Milch trinken, sich gemütlich einkuscheln und schlafen. Minki gähnte und die Augen fielen ihr fast zu, aber sie traute sich nicht einzuschlafen, weil sie Angst hatte vom Baum zu fallen. Plötzlich sah sie aus der Ferne ein großes rotes Auto näherkommen. Nanu, es fuhr über die Wiese und hielt direkt auf ihren Baum zu. Das war doch nicht möglich. Es war ein richtiges Feuerwehrauto und wurde vom Sandmann gelenkt.

"Hier bin ich!", maunzte Minki aufgeregt und gab mit einem Pfötchen Zeichen. "Hier oben auf dem Baum. Hilfe!"

Der Sandmann winkte ihr zu und parkte das Feuerwehrauto direkt unter dem Baum. Er stieg aus und kurbelte die große silberne Leiter aus. Immer höher und näher kamen die rettenden Leitersprossen und Minki miaute vor Glück. Als die Leiter ganz ausgefahren war, kletterte der Sandmann geschickt die Sprossen hoch und bald stand er vor dem kleinen Kätzchen. Minki sprang auf seinen Arm und kuschelte sich in seine Armbeuge.

"Danke", schnurrte sie. Der Sandmann trug sie vorsichtig herunter und setzte sie auf den Beifahrersitz. Sofort war ihre ganze Angst vergessen.

"Da werden meine Geschwister aber staunen", sagte sie stolz. "Darf ich mal das Blaulicht anschalten?" Der Sandmann lächelte und nickte und so fuhren sie feuerwehrschnell nach Hause.

Inzwischen gab es große Aufregung bei Familie Muschel. Die Mama zeterte, der Papa suchte, die Geschwister hatten ein schlechtes Gewissen.

"Du hättest nicht so gemein zu ihr sein dürfen", schalt Miranda Tom aus und Tom verteidigte sich: "Wieso, du hast dich doch auch immer lustig über sie gemacht. Und jetzt ist sie fort, oh weh!" Es war der reinste Katzenjammer.

"Achtung, Kinder!", rief die Mutter. "Da kommt die Feuerwehr, kommt schnell her zu mir." Die Kinder gehorchten und dann trauten sie ihren Augen kaum. "Minki, ich werd verrückt", riefen sie wie aus einem Munde. "Unsere Schwester sitzt beim Sandmann im Feuerwehrauto und gibt Alarm. Na, so was!"

Jubelnd begrüßten sie das Sandmännchen. Es stieg mit Minki auf dem Arm aus und alle Katzen umringten die beiden. Der Sandmann trug Minki zu ihrer Mama und sofort fing sie an Milch zu trinken. Der Sandmann streichelte ihnen das weiche Fell. Dann setzte er sich zur Katzenfamilie und gemeinsam betrachteten sie den aufgehenden Mond, während der Sandmann eine seiner schönsten Katzengeschichten erzählte. Der Sandmann holte sein Säckchen mit dem Traumsand und streute etwas davon aus. Sofort kuschelten sich die Katzenkinder an den Bauch der Mutter und schliefen auf der Stelle ein. Sie schnurrten zufrieden und träumten von Rotkehlchen und Feuerwehrautos. Der Sandmann verabschiedete sich von den Eltern. Die Katze und der Kater winkten dem Sandmann nach, bis er in der Dämmerung verschwand. Bestimmt würde der Sandmann mit seinem Feuerwehrauto heute Abend noch an vielen anderen Orten erwartet.

Kalli kann noch nicht schlafen.

„Mein Spielzeug liegt noch im Sandkasten!"

Kalli hat heute mit Mareike und Kai im Sand-kasten gespielt und dann sein Spielzeug vergessen.

„Ich muss sofort mein Spielzeug holen!"

Aber wie? Kalli überlegt: ‚Ein Kipperauto mit einem Greifarm, das schafft alles!'

Kalli möchte ein Kipperauto sein.

Uuund

– schwupps –

ist Kalli ein KalliKipper und steht im Sandkasten.

„Es ist ganz schön schwer, die Spielsachen mit dem Greifarm zu greifen!"

Aber es dauert nicht lange und KalliKipper hat alles aufgeladen. Jetzt fährt er los.

„Was ist denn das?" Grelles Licht blendet KalliKipper.

„Auf der Baustelle wird noch gearbeitet!"

Kalli liebt die große Baustelle mit all den Baggern und Kränen. Bei Nacht hat er sie noch nie gesehen.

„Da muss ich mal gucken! Nur ganz kurz!"

Er fährt eine scharfe Kurve und ist schon auf der Baustelle. He, KalliKipper, bremsen!

Da steht jemand auf dem Weg!

Der Bauarbeiter hat Kalli gar nicht bemerkt.

Er muss dringend telefonieren: „Ich weiß, ihr braucht den Spezialschlüssel für die Beton-maschine sofort!"

KalliKipper fährt etwas näher heran und hört neugierig zu.

Der Mann spricht ganz aufgeregt: „Aber ich kann hier doch nicht weg!"

KalliKipper reckt seinen Greifarm und zupft an der Jacke des Mannes.

„Ich kann den Schlüssel transportieren!"

Der Mann staunt: „Ein Minikipper, der seine Hilfe anbietet... ?"

Das ist ihm noch nie passiert!

Der Mann überlegt hin und her, ob er dem kleinen Kipper den Schlüssel geben soll.

Entschlossen sagt er: „Der Schlüssel muss sofort zur Baugrube 3!"

KalliKipper ist stolz über den Auftrag und lässt sich genau den Weg erklären.

„Du musst immer auf den Kran zufahren!"

Kein Problem für KalliKipper!

Er saust los, so schnell er kann.

Links, rechts – im Slalom umfährt KalliKipper ein Hindernis nach dem anderen, bis ihm ein großes Schlammloch den Weg versperrt.

„Das dicke Schlammloch hält mich nicht auf!"

KalliKipper nimmt Anlauf und fährt ganz schnell durch die braune Pfütze.

Das Kipperauto ist fast nicht mehr zu sehen, aber es kommt sicher ans 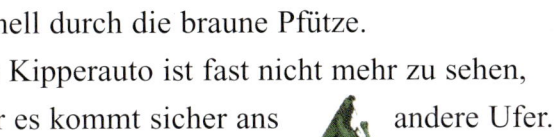 andere Ufer.

 Es ist ganz mit Schlamm beschmiert. Doch das ist jetzt nicht wichtig. Die Männer warten schon und freuen sich, als KalliKipper ihnen den Schlüssel überreicht.

„Jetzt könnt ihr die Maschine anstellen!"

Mit dem Schlüssel wird die große Maschine in Gang gesetzt. Endlich fließt der Beton in die Baugrube. KalliKipper hat es geschafft!

Ein Bauarbeiter putzt ihn wieder blitzeblank.

„Danke schön, kleiner Kipper!"

KalliKipper ist froh.

„Nun muss ich aber wieder nach Hause!"

Er ist jetzt sehr müde und möchte kein Kipper mehr sein.

Uuund

– schwupps –

liegt Kalli wieder in seinem Bettchen.

Schlaf  schön, Kalli!

IM LAND DER SCHMETTERLINGE

Max, der Affe, erwachte aus seinem Mittagsschlaf, als etwas an seiner Nase kitzelte. Erst dachte er, es wären die Sonnenstrahlen, die ihn manchmal wachstreichelten. Oder ein paar Regentropfen, die von den Blättern abperlten. Max sah sich um. Vom letzten Gewitter war es noch feucht im Regenwald, aber die Sonne lachte bereits wieder und tauchte die Welt in bunte Glitzerfarben. Nur ein paar Affensprünge entfernt, tanzten zwei Schmetterlinge um einige Bambuspflanzen. Sie mussten Max an der Nase berührt haben, als er von Erdnüssen und Bananen träumte.

"Krieg mich doch!", rief der schöne blaue Falter mit den gelben Sprenkeln. Der andere Schmetterling hatte hauchzarte Flügel, die in allen Regenbogenfarben leuchteten.

"Ich komme schon", rief er fröhlich und nahm die Verfolgung seines Freundes auf. Sofort bekam Max Lust an diesem Spiel teilzunehmen. Mit einem Satz sprang er auf und lief auf die schönen Schmetterlinge zu. Wie gern würde er das Muster ihrer Flügel aus der Nähe sehen und sie vielleicht sogar anfassen. Doch als er näher kam, flogen die beiden ein Stück weiter. Max verfolgte sie neugierig, aber sie waren immer ein paar Flügellängen voraus. Hangelte sich das Äffchen von Ast zu Ast, flogen die beiden in Zickzack-Linien davon.

"Halt!", rief Max. "So wartet doch! Ich möchte gerne mitspielen."

"Fang uns doch!", kicherten die Schmetterlinge und kreisten über Mäxchens Kopf. Sie schienen an seiner Verfolgungsjagd Gefallen zu finden. Max sprang von seinem Ast herunter und versuchte sie im Flug zu greifen. Aber sie entwischten ihm und jubelten: "Hallo, hier drüben sind wir. Du fängst uns nicht."

Immer, wenn er sehr nah an die geschickten Flieger herankam, waren sie schon wieder verschwunden. So ging es eine ganze Weile, bis der Affe hungrig und durstig wurde. Er rastete an einem Bach und trank das kühle, klare Wasser. Dann pflückte er sich eine Banane und schmatzte nach Herzenslust. Als er ins Wasser schaute, sah er sein Spiegelbild und direkt über seinem Kopf, wie zwei lustige Haarschleifen, schwebten die beiden bunten Schmetterlinge. Blitzschnell drehte er sich um, aber lachend verschwanden die zwei im dichten Unterholz.

Da merkte der kleine Affe, wie müde ihn das Spiel gemacht hatte. Er wollte zurück nach Hause laufen, aber, o Schreck, er wusste nicht mehr, wo er war. Er hatte sich verlaufen. Vom Bach führte ein Pfad durch den Regenwald. Max ahnte, dass es die falsche Richtung war, aber er hoffte, auf ein Dorf zu stoßen. Vielleicht konnte man ihm dort weiterhelfen. Er folgte dem schmalen Weg und schließlich kam er zu ein paar strohgedeckten Hütten.

Die Einwohner, die hier lebten, brachten gerade ihre Kinder zu Bett. Das Lagerfeuer in der Mitte des Dorfes brannte lustig vor sich hin, während die Eltern ihre Kinder in die Hängematten legten, ein Lied summten und die Kinder in den Schlaf wiegten. Alle warteten auf das Eintreffen des Sandmanns. Kein Kind würde die Augen schließen, bevor es nicht wusste, mit welchem Fahrzeug oder Tier er heute erscheinen würde.

"Ich wette, heute kommt der Sandmann mit einem Ballon", rief ein kleiner Junge seiner Schwester zu, die noch ihr Kuscheltier suchte.

"Und ich wette, er kommt auf einem Elefanten geritten", antwortete sie, denn sie liebte Tiere.

Auch Max fing an, sich Gedanken darüber zu machen, womit der Sandmann kommen würde. Er entdeckte den Jeep am Ende des Weges als Erster. Es war tatsächlich das Fahrzeug des Sandmanns und gerade stieg er aus, in seiner Hand das Säckchen mit dem Traumsand. Max wollte gleich auf ihn zulaufen, aber im Nu war der Traumsandstreuer von allen Kindern des Dorfes umringt. Sie jubelten und hüpften vor Freude bei seinem Anblick und er begrüßte sie liebevoll. Dem einen Kind streichelte er über den Kopf, das andere hob er auf und trug es zu seiner Hängematte. Als er schließlich seinen Schlafsand ausstreute, schliefen alle Kinder auf der Stelle ein.

Max war überglücklich, denn vielleicht kannte ja der Sandmann den Weg zu seinen Eltern. Voller Hoffnung setzte er sich in den Jeep und wartete. Als das Dorf zur Ruhe gekommen war, kam der Sandmann zurück um seinen Weg durch den Regenwald fortzusetzen. Er musste noch etliche Tiere besuchen.

Als er das Äffchen in seinem Fahrzeug fand, lächelte er und kraulte sein Fell.

"Ich kann unmöglich weiter laufen", sagte Max. "Meinst du, du könntest mir helfen nach Hause zu finden? Ich bin sooo müde."

Das Äffchen sah den Sandmann bittend an und gähnte ausgiebig. Ohne zu zögern setzte sich der Sandmann ans Steuer des Autos und sauste los. Das Äffchen legte sich erschöpft auf den Rücksitz und schaute in den langsam dunkel werdenden Abendhimmel. Er sah die vielen Blätter über sich vorbeiziehen. Die vielen Grüntöne machten ihn schläfrig. Die Blätter wiegten sich im Wind und rauschten sanft. Ab und zu flatterten Schmetterlinge vorbei. Er hörte die Schlaflieder der Vögel und das Summen der Insekten. Heute brauchte Max keinen Schlafsand mehr, denn bevor der Sandmann bei Mäxchens Affenfamilie hielt, war der kleine Affe fest eingeschlafen.

Behutsam legte er den kleinen Affen in die Arme seiner Mutter. Dann streute er eine Hand voll Traumsand über die Affen. Er winkte allen freundlich zu, bevor er seinen Weg durch den schönen Regenwald fortsetzte. Die Tiere schliefen friedlich ein und hatten wunderbare Träume.

Moritz möchte mit Tina und Steffi einen Fahrradausflug machen. Natürlich muss sein Vater mitkommen und Steffis große Schwester hat auch Lust dabei zu sein. Die Mutter packt einen Picknickkorb. Tina setzt ihre Puppe Amanda und den dicken Teddy Paul in ihr Fahrradkörbchen. Steffi hat ihren nagelneuen Fußball eingepackt und Moritz bringt sein Pilzbestimmungsbuch, eine Detektivlupe, ein Taschenmesser und einen Weidenkorb mit, denn er hat sich vorgenommen im Wald nach Pilzen zu suchen.

„Wir müssen immer alle zusammenbleiben", ermahnt der Vater die Kinder, als sie am S-Bahnhof auf den Zug warten, der die Kinder und alle Fahrräder ins Grüne bringen soll. Am späten Vormittag sind sie endlich am Ziel. Ein breiter Fahrradweg führt durch einen schönen Wald. Der Vater fährt vorneweg, dann kommen Tina, Moritz und Steffi und am Schluss radelt Katrin, die große Schwester.
„Da vorne ist ein guter Platz für ein Picknick", ruft Moritz und deutet nach links in den Wald. Die Herbstsonne scheint auf einen mit Gras bewachsenen Platz zwischen den Bäumen. „Au ja", rufen Steffi und Tina, „da können wir auch gut mit dem Ball spielen." Also halten alle an und schieben ihre Fahrräder dorthin. Papa breitet die große Decke aus. Die Kinder machen es sich gemütlich

und essen, was Tinas Mutter eingepackt hat. Puppe Amanda und Teddy Paul sitzen mit im Kreis und dürfen auch am Picknick teilnehmen. Nach dem Essen geht Katrin mit Moritz los um Pilze zu suchen.
Katrin hält den Korb und Moritz geht, die Spürnase tief am Boden, auf Pilzsuche. Steffi und Tina kicken ein wenig mit dem Ball um die Bäume herum, während Papa gemütlich seine Sonntagszeitung liest.
Die Sonne wärmt den feuchten Waldboden und es duftet nach Herbstblättern, Pilzen und Tannennadeln. Moritz und Katrin haben sich schon weit vom Lagerplatz in den Wald gewagt und aus der Ferne hören die Mädchen das freudige Siegesgeschrei, wenn Moritz wieder einen essbaren Pilz entdeckt hat.
„Katrin, hierher!", ruft er aufgeregt und beugt sich über ein kleines braunes Etwas, das sein Köpfchen aus dem Moos streckt.
Sorgfältig schaut er im Pilzbuch nach, betrachtet den Pilz genau durch seine Lupe und meint:
„Der ist super."

Moritz zückt sein Taschenmesser und schneidet ihn so tief wie möglich ab. Vorsichtig legt er ihn zu den anderen Schätzen in den Korb.
„Sieh mal, hier ist eine Spur", sagt Moritz und deutet auf ein paar Hufabdrücke im feuchten Waldboden. Er untersucht sie mit seiner Lupe.
„Komm, wir nehmen die Verfolgung auf, wer weiß, was wir entdecken." Damit sie sich nicht verlaufen, kratzt Moritz Pfeile mit einem Stock in den Boden und hängt kleine Papierschnipsel an niedrige Äste.

„Moritz, sei mal still!", flüstert Katrin und hält ihn am Arm fest.
Sie schaut zu den gegenüberliegenden Bäumen und steht regungslos da.
„Was ist denn?", fragt Moritz aufgeregt.

„Da vorne, sieh doch nur!" Katrin deutet mit dem Finger die Richtung an. Und nun sieht es auch Moritz. Vor ihnen, vielleicht dreißig Schritte entfernt, stehen ein gewaltiger Hirsch und fünf Rehe. Moritz hat das Gefühl, als ob der Hirsch ihn direkt anschaut und bewundert das starke, stolze Tier. Der Hirsch hat die Ohren gespitzt und schnuppert in der Luft.
Dann gibt er das Zeichen. Mit kraftvollen Sprüngen setzt er seinen Weg fort und die Rehe folgen ihm. Moritz atmet aus, denn vor Staunen hat er die Luft angehalten.
Dann rennt er zu der Stelle und vergleicht die Hufabdrücke.
„Es sind tatsächlich die Spuren, die wir die ganze Zeit verfolgt haben", stellt er zufrieden fest.
Auf dem Rückweg folgt Meisterdetektiv Moritz einfach seinen eigenen Spuren, den Pfeilen und Zetteln, bis zum Picknickplatz.
Dort erzählen sie den anderen von ihrer Begegnung mit den Tieren.
Dann ist es Zeit einzupacken. Sie sammeln alle Reste auf, beladen ihre Fahrräder und radeln zurück zur S-Bahn-Station.
Leider müssen sie nun Abschied nehmen.
„Tschüs, Steffi und Katrin, tschüs, Tina", sagt der Vater, als er die Mädchen zu Hause abliefert.
„Papa, das war ein schöner Tag", findet Moritz, als er müde in sein Bett klettert. Bevor er einschläft, merkt er noch, wie der Sandmann seinen Traumsand streut. Und in seinem Traum ist er wieder im Wald. Der Sandmann bringt mit seiner Pferdekutsche Futter für den Hirsch und die Rehe. Er winkt Moritz zu, als er zwischen den schönen alten Bäumen verschwindet.

Kalli will noch nicht schlafen.

Kalli will noch ein bisschen Quatsch machen.

Schnell zieht Kalli die großen Schuhe von KalliPapi an.

„Die klappern nämlich so schön!"

Kalli klappert durch den Flur und läuft gegen einen Bauch.

„Du siehst ja aus wie ein Clown", sagt KalliPapi und schmunzelt dabei.

„Ein Clown im Zirkus kann jeden Abend ganz lange Quatsch machen!"

Kalli möchte ein Clown sein.

Uuund

– schwupps –

ist Kalli ein Clown im Zirkus.

Mit riesengroßen Clownsschuhen!

„Kann man denn damit überhaupt gehen?"

Er rutscht in die Grätsche und die großen Schuhe wollen ihm gar nicht gehorchen.

„Am besten geht es rückwärts!"

Und wirklich! Rückwärts kommt KalliClown mit seinen großen Schuhen prima vorwärts.

Bis er an einen Eimer stößt und sich beinahe hineinsetzt.

„Ein Eimer mit Seifenwasser! Damit kann man lustige Blasen machen!"

Kalli macht viele Seifenblasen, die er aufeinander stapelt.

Das Publikum hat so etwas noch nie gesehen und klatscht begeistert.

Sogar der Zirkusdirektor guckt hinter dem Vorhang hervor.

KalliClown jongliert jetzt mit den Seifenblasen.

Das Publikum ist verzückt und hingerissen von diesem Seifenblasentheater.

Der Zirkusdirektor ist ganz aus dem Häuschen.

„Dieser Clown ist ja eine Weltklasseattraktion allerersten Ranges!"

KalliClown ruft: „Und jetzt mache ich die größte Seifenblase von der ganzen Welt!"

Kalli holt gewaltig Luft und bläst eine Seifenblase.

Groß wird sie und immer größer.

Auch die Augen des Publikums werden immer größer.

Plötzlich steckt KalliClown mitsamt den großen Schuhen selber in der Seifenblase.

Sanft schwebt die riesige Seifenblase mit KalliClown höher und immer höher...
Kalli jubelt: „Ich kann fliegen!"
Das Publikum staunt und hält den Atem an.
Der Zirkusdirektor läuft durch die Arena und ruft: „Das ist eine universale, internationale und globale Sensation!"
Die Seifenblase ist jetzt ganz oben in der Zirkuskuppel.
„Ich kann doch nicht ewig hier oben bleiben!"
Kalli hüpft in der Seifenblase um sie wieder nach unten zu bewegen, aber nichts passiert.
Das Publikum ist ganz still und guckt nach oben. Da hat der Zirkusdirektor eine Idee!
Er klettert auf eine Leiter,
kommt am Dirigenten vorbei,
stibitzt ihm den Dirigentenstab,
klettert weiter und ist schon oben bei KalliClown in seiner Seifenblase angekommen.
Mit dem Dirigentenstab sticht er in die Seifenblase.
Das Publikum bekommt einen Schreck!
PLOPPS! – ist die Blase geplatzt,

und KalliClown beginnt mit den riesengroßen Schuhen zu flattern.
Er flattert erst schnell und ängstlich, dann langsam und ausgreifend wie ein Adler und fliegt wirklich ganz langsam und in großen Kreisen in Richtung Erde.
„Achtung! Ich lande!"
KalliClown landet in einer riesigen Staubwolke.
Er niest, dass ihm fast die Nase abfliegt und das Publikum klatscht begeistert.
So einen tollen Clown haben die Leute noch nie gesehen!
„Clown sein ist schön, aber anstrengend!"
Kalli ist nun wirklich müde und will in sein Bett.
Uuund
– schwupps –
liegt er in seinem Bettchen.
Ein bisschen Zirkusstaub kitzelt ihn in der Nase.
„Hatschi!" – schon ist Kalli eingeschlafen!
Schlaf schön, Kalli!

KalliEisbär

Kalli kann noch nicht schlafen.

Kalli hat heute mit KalliPapi einen Schneemann gebaut.

Bevor sie fertig waren, sagte KalliPapi:

„Ist das kalt! Komm, lass uns reingehen."

Kalli fragte: „Und der Schneemann?"

„Den bauen wir später fertig."

Und jetzt hat der Schneemann keine Nase.

Aber Kalli hat eine Schneemannnasenmöhre.

„Die bringe ich schnell dem Schneemann!"

Aber Kalli kann doch nicht im Schlafanzug
rausgehen! Draußen ist es viel zu kalt!

„Wenn ich ein Eisbär wäre, könnte ich dem
Schneemann seine Nase bringen."

Kalli möchte ein Eisbär sein.

Uuund

– schwupps –

ist Kalli ein KalliEisbär und
kugelt durch den Schnee.

„Toll, mir ist kein bisschen kalt!"

KalliEisbär hat ein so dichtes, weißes
Zottelfell, dass er den kalten Schnee gar nicht
spürt. KalliEisbär tappst zum Schneemann.

„Hallo Schneemann! Ich hab dir eine Nase
mitgebracht!"

Er steckt dem Schneemann die Möhrennase
mitten ins Gesicht.

Gut sieht der Schneemann aus!

KalliEisbär steht stolz vor seinem Werk.

„Was ist denn das?"

Da sind ja winzig kleine Tapsen neben den
großen KalliEisbär-Spuren!

„Nanu? Wer war denn das?"

KalliEisbär schnüffelt die Spur
entlang und stößt mit seiner Nase an eine
andere Nase. Eine Maus!

KalliEisbär staunt.

„Was machst du hier draußen, im Schnee?"

„Ich kann mein Mauseloch nicht finden.
Alles ist so weiß!"

KalliEisbär denkt nach – und hat eine Idee.

„Dann baue ich dir ein neues Zuhause!"

KalliEisbär nimmt einen Schneebatzen und hat
– ruckzuck – einen kleinen Iglu gebaut.

„Da, ein echtes Schneehaus!"

Das hält sogar am Nordpol warm.

Zipp – ist die Maus im Iglu verschwunden und
– zipp – schaut sie wieder heraus.

„Schön ist das Haus! Danke schön, Eisbär!"

„Bitte! Kann ich noch etwas für dich tun?"

Die Maus flüstert: „Ich habe Hunger!"

KalliEisbär hat wieder eine Idee.

„Der Schneemann braucht doch eigentlich
keine so lange Nase!"

KalliEisbär bricht ein Stück Möhrennase ab
und gibt es der Maus. Die Maus ist glücklich.

„Oh, danke! Ein tolles Abendbrot! Und warm
habe ich es! Jetzt kann ich schön schlafen!"

KalliEisbär muss plötzlich ganz doll gähnen...

„Auch Eisbären werden manchmal müde."

Uuund

– schwupps –

liegt Kalli wieder in seinem Bettchen.

Schlaf schön, Kalli!

Hendrik springt aus den Federn und saust zum Fenster.

Er beobachtet die Wipfel der Bäume. Sie wiegen sich im Wind. Endlich!

„Mami, Mami!", ruft er aufgeregt. „Es ist soweit. Jetzt könnt ihr nicht mehr sagen, dass kein Wind weht. Sieh doch nur die Bäume."

Er deutet aufgeregt aus dem Fenster.

Sein Onkel hat ihm zum Geburtstag einen

Drachen geschenkt. Hendrik hat im Oktober Geburtstag. Das ist der Drachenmonat. Aber bisher hatte er jeden Tag Pech. Die Blätter an den Pflanzen bewegten sich einfach nicht, und jedes Mal, wenn er den neuen Drachen ausprobieren wollte, musste er sich anhören: „Es geht kein Wind. Ohne Wind keine fliegenden Drachen. Vielleicht morgen."

„Heute ist morgen", sagt Hendrik. „Stimmt's, Mami, heute lassen wir den Drachen steigen."

„Du hast Recht", muss seine Mutter zugeben. „Ich frage Papa, der hat bestimmt auch Lust mitzukommen. Und ich nehme meinen Lenkdrachen mit, okay?"

„Juchhu!", Hendrik klatscht vor Begeisterung in die Hände.

Kurze Zeit später packen Hendrik und seine Eltern ihre Drachen aus ihren Plastiktüten und stecken sie zusammen. Sie stehen auf dem Drachenberg im Freizeitpark. Heute sind viele Kinder mit ihren Drachen unterwegs. Der Himmel ist strahlend blau und als Hendrik hochschaut, sieht er lauter bunte Tupfen am Himmel tanzen. Da oben trifft sich Superman mit Mickey-Maus, ein blauer Elefant jagt eine

Möwe, und laut pfeifende Lenkdrachen sausen durch die Luft. Hendriks Drache ist ein Adler. Stolz flattern seine Flügel im Wind und er kann es kaum abwarten loszufliegen. Hendrik rollt ein wenig Schnur ab, Papa hält den Adler hoch in die Luft, gegen den Wind.

„Achtung, fertig, los!", ruft er und wirft den Drachen schräg nach oben. Hendrik flitzt los. Sein Drache fliegt sofort hinauf und er gibt ihm noch mehr Schnur. Oben am Himmel ist er nur noch ein kleiner Punkt unter vielen anderen. Hendrik beobachtet seinen Adler und überlegt, wie der Drachenberg wohl von da oben aussieht. Ob er und die anderen Kinder auch nur als bunte Punkte zu sehen sind, wie Blumen auf einer grünen Wiese?

„Halt ihn gut fest", warnt Hendriks Vater und Hendrik schließt seine Hand um die Schnurrolle. Am liebsten möchte er, dass sein Drachen höher als alle anderen Drachen fliegt. Deshalb lockert er seinen Griff um die Rolle etwas, damit er noch mehr von der Schnur abwickeln kann.

Da passiert es: Der Wind entreißt ihm die Rolle und sie fliegt davon. Sein Adler kommt eine Sekunde im Sturzflug herunter, fängt sich aber wieder und fliegt Richtung Ententeich. Hendrik schreit auf und rennt los. Die Rolle hüpft vor ihm auf dem Boden, hebt ab, kommt wieder herunter. Sie führt einen wilden Tanz auf. Hendrik saust hinterher. Mit großen Sprüngen fegt er den Berg hinunter so schnell er kann.

„Pack die Rolle", hört er Papa rufen. Fast hätte er sie erwischt, aber jedes Mal, wenn er ganz nah dran ist, fliegt sie wieder weiter. So geht es den ganzen Berg hinab. Immer wenn Hendrik nach der Rolle greift, entschlüpft sie ihm aufs Neue. Aber Hendrik gibt nicht auf.

nichts aus", fügt er schnell hinzu, als er Tränen in Hendriks Augen sieht. Und seine Mutter meint: „Du bist der erste, der einen Adler aus einem Ententeich fischt." Da müssen sie alle drei lachen. Tatsächlich angelt Hendrik seinen Drachen vorsichtig aus dem Wasser. Der Adler ist zwar nass, aber immer noch heil.

Hendrik trocknet ihn mit seinem Hemd ab. Beim nächsten Versuch hält er ihn ganz fest und am Ende des Tages ist er von der frischen Luft, der Aufregung und der Bewegung sehr müde.

Ich muss es vor dem See schaffen, denkt er. Hoffentlich verheddert sich mein Adler nicht in einem Baum. Nun ist Hendrik am Fuß des Drachenberges angekommen. Unten ist viel weniger Wind als oben und sein Adler setzt zur Landung an. Langsam trudelt er abwärts und landet elegant mitten im Teich. Zwei Enten flattern aufgeregt zur Seite.
Die Rolle liegt vor Hendriks Füßen. Er nimmt sie schnell auf und beginnt die Schnur wieder einzurollen. Nun kommen auch seine Eltern angelaufen.
„Puh, da hast du aber ganz schön Glück gehabt", meint Papa. „Das Wasser macht ihm

Als Hendrik endlich im Bett liegt, erzählt ihm sein Vater, dass der Sandmann auch manchmal mit einem Drachen angeflogen kommt.
Beim Einschlafen sieht Hendrik ihn auf seinem Adler reiten. Der Sandmann winkt ihm freundlich zu, streut seinen Schlafsand aus und Hendrik fühlt sich angenehm entspannt. Er winkt zurück, bis der Sandmann zwischen den weichen Schäfchenwolken verschwindet.
Der Himmel ist dunkelblau, der Mond scheint sanft wie eine goldene Sichel und die Sterne zeigen dem Sandmann und dem Adler den Weg.

KalliBallon

Kalli kann noch nicht schlafen.

Kalli hat mit Mareike Eierlaufen gespielt und dabei sind alle Eier kaputtgegangen.

Morgen muss es doch Frühstückseier geben!

„Hühner legen Eier!"

Wie soll Kalli zu den Hühnern kommen?

„Als Ballon könnte ich von oben gut sehen, wo die Hühner wohnen. Und ein Ballon kann so leise fliegen, dass die Hühner keinen Schreck bekommen!"

Kalli möchte ein Ballon sein.

Uuund

– schwupps –

ist Kalli ein Ballon, schwebt zum offenen Fenster hinaus und fliegt über die Stadt.

Schon sieht er das Dorf mit der großen roten Backsteinkirche.

„Da gibt es bestimmt einen Hühnerstall!"

KalliBallon fliegt über das Dorf und landet wirklich ganz sanft in einem Hühnerstall.

Sofort stürzen die drei Hühner und der Hahn auf Kalli zu und fragen: „Was bist du denn für ein blaues Ding?"

„Ich bin KalliBallon! Bitte helft mir! Ich brauche unbedingt drei Frühstückseier!"

Die Hühner beraten und sagen dann: „Wir geben dir Eier, aber nur wenn du mit uns einen Rundflug über das Dorf machst!"

Die Hühner wollten schon immer mal ihr Dorf von oben sehen, allerdings schaffen sie es nicht mal über den Zaun zu fliegen!

„Bitte einsteigen!"

Schnell steigen die Hühner in den Korb. Vorsichtig schwebt KalliBallon los.

Die Hühner und der Hahn finden den Ausblick phantastisch!

Der Hühnerstall erscheint immer kleiner und man sieht jetzt auch den wild nach oben bellenden Hofhund Hasso.

Endlich können die Hühner und der Hahn dem Hund eine schöne Grimasse schneiden!

Und frech sind sie auch noch: „Ätsch, wir können fliegen!"

Der dicke Hund hüpft bellend auf und ab.

KalliBallon fliegt zum Kirchturm. Auf der Kirchturmspitze dreht sich ein goldener Wetterhahn im Wind. Wie schön er ist!

Die Hühner, und ganz besonders der Hahn, sind vor Entzücken ganz aus dem Häuschen.

Leise geht der Mond auf und KalliBallon landet mit Hühnern und Hahn wieder sicher im Hühnerhof.

„Danke schön, KalliBallon", gackern die Hühner und flattern aus dem Korb.

Im Korb liegen drei extragroße Eier.

„Danke! Das Frühstück ist gerettet."

Kalli möchte kein Ballon mehr sein.

Uuund

– schwupps –

liegt Kalli in seinem Bettchen.

Schlaf schön, Kalli!

Für Sonny und Joey ist es Zeit schlafen zu gehen. Allerdings sind sie kein bisschen müde. Ihr Vater liest ihnen noch eine Gute-Nacht-Geschichte vor, aber nun liegen sie immer noch hellwach unter ihren Daunendecken. Sonny, der ein Jahr älter als sein Bruder ist, stützt seinen Kopf auf beide Hände und sieht zu Joey, der sich neben ihm eingeigelt hat.

„Hey, Joey", sagt er, „bist du noch wach?"
„Klar", grunzt sein kleiner Bruder. „Und du?"
„Sehr witzig. Glaubst du, ich rede im Schlaf?"
„Manchmal schon", findet Joey. „Und manchmal schnarchst du auch."
„Gar nicht", schmollt Sonny. „Aber du schleuderst mir immer deine Füße ins Gesicht, wenn du nachts im Bett herumwühlst."
„Gar nicht", meint Joey und knufft seinem Bruder in die Seite. Der kichert und kitzelt Joey am Bauch.

Die Kissenschlacht ist in vollem Gange, als sie ein lautes Knistern hören.

„Was war das?", fragt Sonny erschrocken. Er setzt sich im Hochbett auf und lauscht angestrengt. „Ich hör es auch. Irgendetwas raschelt, wahrscheinlich ein Ungeheuer. Ich hab Angst." Joey zieht sich die Zudecke über den Kopf. „Geh Mama holen", bettelt er. „Und wie komme ich heil die Leiter runter und an dem Ungeheuer vorbei?", fragt Sonny. „Ich geh nur, wenn du mitkommst."
„Ich bin doch nicht verrückt, ich bleibe schön unter meiner Decke."
Nun kriecht auch Sonny mit unter die Decke. „Was meinst du, ist das Ungeheuer noch da?", fragt Joey.
Sonny schiebt seinen Kopf ein Stückchen aus der Bettdecke hervor, gerade so viel, dass seine Ohren herausschauen. Da ist es wieder! Ein Rascheln und Knistern.
„Es ist noch da", flüstert Sonny. „Ich glaube, jetzt kommt es die Leiter hoch."
Schnell huscht er zurück unter die Decke. Joey tastet nach Sonny, und als seine kalten Hände Sonny berühren, schreit dieser erschrocken auf. „Bist du bescheuert?", zischt er seinen kleinen Bruder an, „ich dachte schon es wäre ..."

„Nicht!", kreischt Joey und windet sich. Schon schnappt er sich das Kopfkissen und schleudert es auf seinen Bruder. Sonny pfeffert es zurück und sein Kopfkissen gleich hinterher. So fliegen Kissen samt Decken und Kuscheltieren durch die Luft und die beiden Jungen kringeln sich vor Lachen.

„Spürst du das?", fragt Joey. „Es ist auf dem Hochbett, ich kann es fühlen." „Au, weia!" Sonny schlingt seine Arme um den kleinen Bruder. „Es kommt näher." Sie trauen sich kaum zu atmen und als Joey seine Beine anzieht, damit das Ungeheuer seine Füße nicht erwischt, springt etwas mit einem Hechtsatz direkt auf die Bettdecke, wo gerade noch Joeys Füße gezuckt haben. „Uuaaah!", schreien beide Kinder auf. Sonny schlägt die Bettdecke zurück und stülpt sie über einen Schatten, den er am Fußende entdeckt hat.

„Miau!", kreischt Felix, der Kater, erschrocken, macht einen Satz zur Seite und schaut Sonny beleidigt an. „Felix!", ruft Sonny aus. „Du Kuschelmonster, was machst du denn hier?" Nun kommt auch Joey unter der Bettdecke hervor. Die Jungen fangen an zu lachen.

„Es war nur Felix", stöhnt Sonny erleichtert auf. „Papa muss ihn aus Versehen hier eingesperrt haben und Felix hat mal wieder den Papierkorb nach Schokoladenresten durchstöbert." Joey kichert.

„Habe ich mir gleich gedacht", sagt er. „Wer sollte sonst solche Geräusche machen. Ungeheuer gibt es schließlich nicht."

„Ha, ha", meint Sonny. „Deshalb bist du auch so mutig unter die Bettdecke gekrochen."

„Das habe ich nur gemacht um dir Angst einzujagen."

„Das glaubst du doch selber nicht. Komm her, Felix, du hast uns einen schönen Schrecken eingejagt."

„Ich glaube, der Kater hat sich genauso erschrocken. Er hat bestimmt gedacht, du bist ein Ungeheuer, das sich auf ihn stürzt."

Nun kommt Felix auf die Jungen zu und kuschelt sich zwischen ihnen ein. Die Brüder kraulen sein Fell und er schnurrt genüsslich. Auf einmal merken die Kinder, wie müde sie sind. Sie reiben sich die Augen und gähnen.

Da öffnet sich die Tür ganz leise, der Sandmann kommt mit seinem Schlafsand. Er setzt sich zu ihnen aufs Hochbett und streichelt die Jungen und den Kater sanft. Er lächelt freundlich, als er sein Säckchen öffnet und eine Hand voll Traumsand streut.

Auf der Stelle schlafen die drei Nachtschwärmer ein und träumen davon, wie der Sandmann mit einem großen blauen Ballon über die Erde schwebt und alle Kinder in den Schlaf begleitet.

KalliRitter

Kalli kann nicht schlafen.

„Ich habe heute eine Sandburg gebaut!

Mit Mareike!"

Mareike war die Prinzessin Mareigunde und

Kalli war der furchtlose Ritter Kallibert.

Aber dann kam Guido und ist mit
seinem Fuß genau auf die
Sandburg getreten.

„Und nicht nur mit dem Fuß,
sondern auch mit Absicht!"

Ja, wenn Kalli ein richtiger Ritter wäre
mit einer Rüstung und einer Lanze
und einem Pferd, dann hätte der Guido sich das
nicht getraut! Kalli möchte ein Ritter sein.

Uuund

– schwupps –

ist Kalli der tapfere Ritter Kallibert.

Was muss er da hören?

Prinzessin Mareigunde schreit um Hilfe!

Der Drache Guidorius hält die schöne

Mareigunde gefangen!

Die Ärmste kann nicht

davonlaufen, weil der

Bösewicht ihren Schal unter einem großen
Stein eingeklemmt hat!

„Warte, Mareigunde! Kallibert wird dir helfen!"

Kalli senkt die Lanze und reitet los.

Aber der Drache Guidorius kann ganz
schön gerissen sein! Er streckt den Fuß in
den Weg, das Pferd stolpert und Ritter
Kallibert fliegt durch die Luft!

Er landet auf der Spitze des Steines, mit dem der Schal von Mareigunde festgehalten wird. Der Stein kippt um.

Die Lanzenspitze bricht ab, aber die schöne Mareigunde ist frei!
Mareigunde jubelt, aber Ritter Kallibert hat ein Problem: „Wenn ich mit der abgebrochenen Lanze komme, lacht sich der Drache Guidorius doch glatt kaputt!"
Da hat Ritter Kallibert eine tolle Idee!
‚Das soll er auch!', denkt er sich listig. Kalli

nimmt eine Feder, steckt sie an seine Lanze und schleicht sich an den Drachen!
Mareigunde schleicht neugierig hinterher.
Schon ist Kalli aus dem Gebüsch gesprungen, fuchtelt mit der Lanze hin und her und ruft:
„Hier kommt der Drachenkitzler Kallibert!"
Er kitzelt den Drachen hier und dort und der Drache kichert und lacht, denn er ist unheimlich kitzlig!

Mareigunde rennt um den Drachen herum.
„Du Bösewicht, du kriegst mich nicht!"
Ihr langer Strickschal räufelt sich ja auf!
Der Drache wird vom Faden fest eingewickelt.
Ganz fest verschnürt ist er und kippt um.
„Das nenn ich eine Drachenroulade", lacht der Ritter Kallibert.

Mareigunde ist richtig stolz auf ihren Ritter.
Sie gibt ihm einen dicken Kuss.
„Ich glaub, jetzt werde ich ein bisschen rot!"
Und müde wird der kühne Ritter Kallibert!
„Mein Schlafanzug ist viel bequemer als so eine Rüstung."

Uuund
– schwupps –
liegt Kalli wieder in seinem Kuschelbett.
Schlaf schön, Kalli!

DER FLIEGENDE TEPPICH

Heute hatte sich der Sandmann besonders feine Kleider herausgesucht. Der türkisgrüne Mantel mit den goldenen Stickereien war genau richtig. Der Sandmann hatte vor den Orient zu besuchen. Weil ihn seine Reise durch eine Wüste führte, entschloss er sich auf dem Kamel zu reiten. Denn Kamele sind sehr genügsam, brauchen in der Hitze nicht so viel Wasser und können im Wüstensand gut laufen. Auch den Turban durfte der Sandmann nicht vergessen, damit sein Kopf vor der Sonne geschützt war. Er würde lange keinen Schatten mehr finden. Die Reise war anstrengend, aber der Sandmann genoss sie. Nirgends war es so still wie im heißen Wüstensand und die Farben der Natur waren einmalig schön.

Als der Sandmann endlich auf eine Oase stieß, strömten ihm sofort die Bewohner der kleinen Stadt entgegen um ihn zu begrüßen. Eine Frau im langen Kaftan kümmerte sich um sein Kamel und dem Sandmann wurden

frische Früchte angeboten. In der Stadt gab es herrliche Dinge zu sehen: Feingewebte bunte Stoffe, glitzernder Schmuck, selbstgefertigte Tongefäße und schöne Teppiche. Ein kleiner Junge blies auf seiner Flöte und eine Schlange kam aus einem Weidenkörbchen getanzt und bewegte sich zum Takt der Melodie. Der Sandmann setzte sich mit allen Kindern des Ortes zu dem kleinen Schlangenbeschwörer und sie wurden durch den wundersamen Klang der Flöte in fremde Welten entführt.

Auf einmal kam eine alte, vornehme Frau aus dem Palast des Sultans und trat auf den Sandmann zu. "Wir haben schon so lange auf dich gewartet", sagte sie. "Ich bin froh, endlich jemanden zu treffen, der das Geheimnis des Schlafsandes kennt. Vielleicht kannst du dem großen Sultan helfen, heute Nacht gut zu schlafen, denn er ist seit einiger Zeit sehr krank." Sie zeigte dem Sandmann den Weg zum Palast. Durch viele wunderschöne Räume wurde der Sandmann geführt, bis er endlich im Schlafzimmer des Sultans ankam. Er setzte sich ans Bett des alten Mannes und flüsterte ihm eine seiner schönsten Gute-Nacht-Geschichten zu. Dann öffnete er sein Säckchen mit dem Traumsand. Aber bevor er den Sand ausstreute, sagte der Sultan: "Ich danke dir, dass du mich besucht hast und möchte dir eine kleine Freude machen."

Er klatschte in die Hände und da kam ein Teppich angeflogen, der in allen Farben der untergehenden Sonne gewebt war. Der Sultan bat den Sandmann darauf Platz zu nehmen. Und obwohl es sehr schwer ist einen fliegenden Teppich zu lenken, war das für den Sandmann kein Problem, denn er war es gewohnt, alle Arten von Fortbewegungsmitteln zu steuern. Der Sandmann bedankte sich beim Sultan und streute den Traumsand

aus. Dem Sultan fielen gleich die Augen zu und mit einem Lächeln auf den Lippen schlief er auf der Stelle ein. Die alte Frau verneigte sich vor dem Sandmann.

"Auch ich möchte mich bedanken und wünsche dir eine schöne Reise über unsere kleine Oase und die Wüste dahinter." Sie öffnete das Fenster und der Sandmann flog auf dem Teppich davon.

Unter sich in einer Gasse sah er ein paar Kinder winken und rufen. Er steuerte geschickt auf sie zu und lud sie ein mit ihm auf dem Teppich zu fliegen. Da war die Freude groß. Sie wirbelten durch die Luft und manchmal war es wie in einer Achterbahn. Die Kinder schrien vor Vergnügen und erklärten dem Sandmann, was sie alles sahen.

"Da unten zieht die Karawane des Sultans durch die Wüste", rief der kleine Muck. "Sie bringen Gewürze und feine Stoffe in andere Länder."

"Und dort ist der Garten des Sultans", rief Ahmed. "Er gilt als der schönste Garten der Welt. Hier gibt es Pflanzenarten, die sonst nirgendwo wachsen, nur in unserer Oase."

So lernte der Sandmann auch noch die kleine grüne Insel in der Wüste von oben kennen.

Als die Sonne unterging, war es Schlafenszeit für die Kinder. Der Sandmann landete in ihrer Gasse und begleitete sie zu ihren Häusern. Er nahm seinen Schlafsand und streute ihn aus. Die Kinder schliefen bald ein und träumten von Sultanspalästen und fliegenden Teppichen. Als der Sandmann den Teppich des Sultans zurückbrachte, überzeugte er sich noch einmal, dass der Sultan friedlich schlief. Dann kehrte er zu seinem Kamel zurück, das geduldig auf ihn wartete. Der Sandmann verabschiedete sich von den Einwohnern der Oase, bestieg sein Kamel und winkte ihnen noch zu, bis er in der Wüste verschwunden war.

Pitti und der ungezogene Wind

Wie kommt das nur? Wie kommt das nur? Immer, wenn Pitti besonders lieb sein will, geht etwas schief. Neulich zum Beispiel, da musste Pitti den Wind fangen. Er wollte ihn erziehen, damit Schnatterinchen wieder gute Laune bekam! Aber dann war Moppi erst einmal beleidigt und das kam so:

Der Wind hatte Schnattchens Puppenwäsche von der Leine gepustet. Jetzt watschelte die Schnatter-Ente wütend quer durch den Garten und sammelte jedes Teil einzeln wieder auf. „Naknaknak, wie ärgerlich, ich bin stinksauer auf diesen Wind", schnatterte sie.

Pitti musste seinem Schnatterinchen helfen und er wusste auch schon wie, dieser fiese Wind musste erzogen werden! Denn ganz egal ob Wind, Wühlmäuschen oder Moppi, wer Schnattchen ärgert, der bekommt es mit Pitti höchstpersönlich zu tun, kannste glauben!

Schnatterinchen fand die Erziehungsidee nicht so gut. „Pitti, lass die Dummheiten. Niemand kann den Wind erziehen, das solltest du eigentlich schon wissen. Hilf mir lieber, alles wieder aufzusammeln", schnatterte sie.

Aber Pitti hatte ganz andere Pläne. Sollte sich Schnatterinchen doch alleine um ihre Puppen-

wäsche kümmern. Pitti würde ihr schon beweisen, wie handzahm so ein Wind werden konnte.

Zuerst einmal musste geklärt werden, aus welcher Himmelsrichtung der Wind überhaupt kam. Mit Pittis neuem Windrad war das ja kein Problem. Er hielt es in die Luft und sofort war klar, dass der Wind aus Südostnordwesten blies.

Jetzt musste dieser Wind also

nur noch gefangen werden. Dann würde Pitti ihm schon sagen, was hier erlaubt und was verboten ist, siehste.

Und Schnatterinchen würde dabei sicher helfen. Meckern und Erziehen kann die Schnatter-Ente nämlich richtig gut. Das übt sie schließlich immer mit ihrem Pittiplatsch, kannste glauben!

Schnatterinchen sagte aber nur: „Dussel-Pitti, den Wind kann niemand fangen, verstehst du, niemand auf der ganzen Welt."

Ach, du meine Nase, Pitti hörte einfach nicht hin. Die Schnatter-Ente schnatterte weiter und Pitti suchte sich einen großen Sack. Den brauchte er als Windfalle. Und weil in jede ordentliche Falle ja ein Leckerbissen gehört, stibitzte Pitti zwei Kekse aus der Küche. Einer verschwand sofort in Pittis Mund,

der andere im Sack. Jetzt musste sich der schlaue Pitti nur noch auf die Lauer legen, der Rest war ein Kinderspiel: Der Wind würde den Keks riechen, in den Sack kriechen und schon wäre er gefangen! Die Schnatter-Ente würde erst staunen und dann ihr liebes Pittileinchen mit Keksen belohnen.

Während Pitti so nachdachte, rappelte es auch schon in der Falle. Die Sache hatte extraprima funktioniert, der Wind war gefangen! Bei Pittis Lieblingskeksen konnte eben niemand widerstehen. Pitti band den Sack schnell zu und zog das schwere Ding zu Schnatterinchen. Die würde staunen!

Sonderbar war nur, dass der Wind schimpfen konnte. Das hatte Pittiplatsch bis dahin nicht gewusst. „Hilfe, Freiheitsberaubung! Polizei! Feuerwehr! Notarzt! Rette mich, wer kann!", schrie er.

Ach, du meine Nase, Pitti kam die Stimme des Windes irgendwie bekannt vor. Wo hatte Pitti diese Stimme nur schon gehört?

„Pitti, ich glaube in deiner Falle steckt nicht der Wind, sondern ein

kleines, dickes Schweinchen, naknak", lachte Schnatterinchen, als sie
den Sack sah. Pitti musste zugeben,
dass an der Idee mit dem Schweinchen etwas dran war, die Schnatter-
Ente hatte Phantasie! Irgendetwas
stimmte hier nicht! Neugierig öffne-
ten wir den Sack und zum Vorschein
kam unser Moppi!

„Einen armen Hund mit Keksen
in die Falle locken! Eine bodenlose
Gemeinheit ist das", schimpfte er.
Schnattchen lachte, aber Moppi
blieb beleidigt. Weil wir ‚kleines,
dickes Schweinchen‘ gesagt hatten
und so.

Darüber lachten wir abends
beim Kakao immer noch herzlich,
jedenfalls mein Schnattchen und
ich. Moppi lachte erst einmal nicht.
Er hatte nämlich bemerkt, dass er
mit seinem herzerweichenden
beleidigten Hundegesicht bei der

Schnatter-Ente viele Kekse locker
machen konnte.

Erst nach dem dreißigsten
Trostkeks ging Moppi glücklich ins
Bett. „Jetzt hat sich die Sache doch
gelohnt. Unter diesen Umständen
stehe ich auch morgen wieder als
Wind zur Verfügung", murmelte er
zufrieden.

„Pitti, das war ein ganz besonders lustiger Tag", lachte Schnatterinchen. Der Ärger über die
Puppenwäsche war längst vergessen.
Das hatte Pittiplatsch, der Liebe, gut
gemacht.

Und Pitti musste sogar im Bett
noch kichern, weil er an Moppis
beleidigte Hundeschnute dachte.
Dass Moppi Ähnlichkeit mit einem
kleinen, dicken Schweinchen hat,
das stimmt nämlich. Das wird Pitti
dem Moppi-Hund aber nicht sagen.
Schließlich sind wir Freunde, siehste.

Moppi gibt eine Party

Schnatterinchen ist Pittiplatschs allerbeste Freundin und Moppi ist Pittis allerbester Freund, das ist ja allgemein bekannt. Wir drei sind Freunde, weil wir viele Gemeinsamkeiten haben. Wir lieben Kekse über alles und lachen gerne, bis uns die Bäuche weh tun. Und auf das Sandmännchen warten wir jeden Abend gemeinsam, siehste.

Manchmal knistert es aber auch in der besten Freundschaft. Bei uns war es letzten Samstag so weit und das kam so:

Moppi hatte tagelang an einer Gartenbank gebaut. Der Hund hat ja von Natur aus vier linke Pfoten. Das bleibt aber unter uns, platschquatsch. Moppi ist diesbezüglich nämlich ein wenig empfindlich.

Danach hat er die Gartenbank noch mit Blumen geschmückt. Als er damit endlich fertig war, verkündete er feierlich:

„Liebes Schnatterinchen, lieber Pittiplatsch, liebe Freunde. Ich lade euch herzlich zu meiner Gartenbankeinweihungsparty ein: Morgen nachmittag, pünktlich fünf Minuten nach drei, an der neuen Gartenbank."

Pitti hatte schon den ganzen Samstagmorgen so eine schöne Vorfreude im Bauch, aber die Schnatter-Ente bummelte. Sie war damit beschäftigt sich schick zu machen. Schnattchen spricht in die-

sem Zusammenhang gerne von Eleganz.

„Pitti, davon verstehst du ja leider überhaupt nichts", sagt sie dann. Aber da irrt sich die Schnatter-Ente. Pitti weiß ganz genau, was Eleganz bedeutet. Schließlich ist er ja oft genug mit dem eleganten Schnatterinchen unterwegs und das hört sich so an: „Huch, Pitti, pass doch mit deinen Schokoladenfingern auf! Nicht an mein neues Kleid schmieren, naknak!" Oder: „Warte mal Pittilein, meine Schleife rutscht!" Und: „Nein, Pitti, ich kann mit meinen neuen Schuhen doch nicht durch diese Pfütze watscheln, nak-naknak."

Und an diesem Samstag übertraf sich Schnatterinchen in Sachen Eleganz selbst. Ach, du meine

Nase, war das ein starker Enten-Auftritt! Eleganz vom Kopf bis zu den Watschelbeinen und dazu noch ein Regenschirm, Schnattchen hatte sich mächtig herausgeputzt!

„Tja, Pitti, die Kekse hat Moppi für seine schönsten Partygäste reserviert, wusstest du das nicht?", schnatterte sie gleich los. Da war Pitti klar, dass auch er etwas für seine Schönheit tun musste!

In der Ferne rief Moppi schon, aber noch konnte die Party nicht beginnen. Pitti musste sich erst herausputzen. Gesagt, getan: Pitti setzte sein blau-weiß gestreiftes Feiertagskäppi auf und schnallte sich eine riesengroße Schleife um, eine Hubschrauberschleife! Der schöne Pitti plus Hubschrauberschleife, jetzt war klar, wer die

meisten Kekse bekommen würde.

"Pitti, du hast es wieder einmal übertrieben und siehst unmöglich aus!", sagte Schnatterinchen. Die Schnatter-Ente war neidisch, logisch. So viel Schönheit und Eleganz hatte sie ihrem Pitti eben nicht zugetraut.

Nur, als wir Gäste schließlich bei Moppi ankamen, waren alle, aber auch wirklich alle Kekse aufgefuttert, weggeputzt vom verfressenen Hund! Und Moppi ließ zur Begrüßung auch keine Limo in die Gläser zischen. Die hatte er auch schon aufgeschlabbert.

Nur die Gartenbank hatte Moppi nicht angeknabbert, noch nicht! Auf die ließen sich die schöne Schnatter-Ente und der eleganteste Pittiplatsch der Welt enttäuscht fallen. Pitti war stinksauer auf Moppi, kannste glauben!

Moppi wollte sich rausreden:

„Die Party fällt nur deshalb ins Wasser, weil ihr beide so gebummelt habt. Ich musste die Kekse ja essen. Ich kann doch meinen beiden besten Freunden keine kalten Kekse anbieten, das ist doch unhöflich, so etwas", murmelte er.

Und dass er von den vielen Keksen großen Durst bekommen habe, das sei doch nur logisch.

Das ganze Hundegeplapper machte Pitti richtig wütend. Erst recht, als Moppi sich noch den knallroten Kochtopf auf den Kopf setzte, um auch elegant zu sein und sich zu uns beiden schwer Enttäuschten auf die Gartenbank

kuscheln wollte. Am liebsten hätte Pitti an seiner Hubschrauberschleife gedreht und wäre fortgeflogen. Auf Nimmerwiedersehen, Moppi-Hund!

Während wir Jungs so vor uns hin muffelten, hatte Schnatterinchen eine ihrer besonders guten Ideen: „Ruhe Jungs, ich hab's, naknak. Wir fangen noch mal von vorne an. Moppi flitzt los und holt Limo am Kiosk und ich backe uns in der Zwischenzeit neue Kekse. Pitti übt das Fliegen mit seiner Hubschrauberschleife und zeigt uns nachher Kunststückchen", schlug sie vor.

Und so hatten wir drei Freunde dann noch einen sehr lustigen Nachmittag.

Später, beim Einschlafen, musste Pitti heimlich noch über seine Hubschrauberschleife lachen. Pitti sieht damit wirklich witzig aus. Aber das bleibt unter uns, diesbezüglich ist Pitti nämlich ein wenig empfindlich, siehste.

Pitti fliegt
mit der Regentonne

Für Pittiplatsch, den Lieben, ist ja nichts unmöglich. Und wenn es einmal doch ganz schwierig wird, dann greift Pitti auf einen seiner super Koboldsprüche zurück. Das klappt auch meistens. Nur letzten Sonntag, da ging etwas Entscheidendes schief und das kam so:

„Pitti, du spinnst wohl! Ein Pferd in unserem Garten, das kommt überhaupt nicht in Frage.

Das ist mein allerletztes Wort, nak-naknak!", hatte die Schnatter-Ente geschimpft und damit war Pitti der Sonntag komplett vermiest. Immer musste Schnatterinchen alles bestimmen. Pitti war stinksauer, denn er wollte so gerne reiten, platschquatsch.

Moppi langweilte sich auch. „Warum will Schnatterinchen denn kein Pferd in unserem Garten haben?", wollte er wissen.

Pitti erzählte ihm, dass es wegen der Äpfel sei.

„Ich verstehe schon, die Schnatter-Ente hat Angst, dass das Pferd unsere leckeren Äpfel auffuttern könnte. Du, Pitti, da bin ich aber auch dagegen", sagte Moppi und hatte wieder einmal keine Ahnung, worum es eigentlich ging.

Pitti musste dem Moppi-Hund also erklären, dass Pferdeäpfel das sind, was beim Pferd hinten raus kommt und stinkt. „Igittigitt", sagte Moppi nur.

Aber Pitti war das alles längst pupsegal. Er saß auf der Regentonne und wusste schon, wie er trotz Schnatterinchens Verbot reiten konnte!

„Warte Pitti, ich hole dir noch mein Schlummerkissen als Sattel", sagte Moppi und flitzte in Richtung Hundehütte los.

Kaum hatte Pitti es sich auf dem Tönnchen so richtig gemütlich gemacht und seinen Koboldspruch gemurmelt, hob die Regentonne auch schon ab! Sie sauste pfeilgerade in den Himmel und drehte dann im Sturzflug ihre wilden Runden knapp über Moppis Ohren. Irgendetwas stimmte an diesem Koboldspruch nicht!

Moppi stand fassungslos und mit offener Hundeschnauze da, guckte nach oben und rief: „Pitti, du Schussel hast dich vertan. Du hast den falschen Koboldspruch erwischt. Was du da machst, heißt fliegen und nicht reiten. Komm runter!" Das ging aber nicht, denn Pitti fiel der Spruch fürs Runterkommen einfach nicht ein. Und lenken ließ sich dieses wilde Regentonnenflugmobil erst recht nicht! In Pittis Bauch kribbelte es

ganz fürchterlich, besonders, wenn es abwärts ging.

Bei dem Lärm kam natürlich auch die Schnatter-Ente aus der Gartenlaube gewatschelt.

„Nur weil du unserem lieben Pittilein kein Pferd erlaubt hast, saust er jetzt da oben rum und kann nie mehr zu uns zurückkommen!", hörte Pitti Moppi im Vorbeifliegen mit Schnatterinchen schimpfen. Moppi machte sich Sorgen.

„Pitti, du bist unmöglich. Hör sofort auf mit dem Quatsch und komm runter", meckerte die Schnatter-Ente, als Pitti geradewegs übers Entenschwänzlein sauste. Pitti wollte ja landen, sehr gerne sogar, denn hier oben war es ziemlich frisch. Aber er wusste nicht, wie!

Die Regentonne, dieses unmög-

liche Fluggerät, machte einfach, was es wollte und landen wollte es jedenfalls nicht!

Ganz allmählich bekam es Schnatterinchen auch mit der Angst zu tun und das hörte sich so an: „Pittilein, es war doch nicht so gemeint. Komm bitte runter." Schnatterinchen hatte den Ernst der Lage immer noch nicht begriffen. Pittilein konnte nicht runter kommen, weil er nicht landen konnte. Moppi schniefte schon: „Ich verliere gerade meinen allerbesten Freund. Da düst er hin, mein Pittiplatsch. Auf Nimmerwiedersehen."

Genau in diesem Moment sauste die Tonne gegen die Gartenlaube und Pitti machte eine Bruchlandung. Die Katastrophe war komplett! Das würde Schnatterinchen

Pitti bestimmt nicht verzeihen.

Moppi kam sofort angelaufen, Schnattchen watschelte so schnell sie konnte hinter ihm her. Doch von Ärger keine Spur. Die beiden waren zu glücklich, ihr Pittilein wiederzuhaben, siehste.

„Keine Sorge, Schnattchen, das Fliegen war prima. Nur das Lenken und Landen, das muss Pitti noch üben", tröstete Pitti sein Schnatterinchen. Nach diesem Spruch war es dann aber vorbei mit Friede, Freude, Eierkuchen und so. Moppi schaute ungläubig und die Schnatter-Ente war sauer.

„Pitti, du versprichst mir jetzt, dass du nie wieder mit diesem Regentonnending fliegst. Das ist viel zu gefährlich. Großes Pittiplatsch-Ehrenwort, hast du gehört?",

schimpfte sie und rückte ihre Schleife zurecht. Das macht sie immer, wenn sie besonders aufgeregt ist.

Pitti hat es natürlich ganz fest versprochen. Und, was Pitti verspricht, das hält er auch, kannste glauben. Mit der Regentonne wird Pitti bestimmt nicht mehr in die Lüfte steigen. Schließlich macht das Ding da oben, was es will. Ist eben nur eine sture Regentonne. Nein, morgen wird Pitti versuchen, mit Moppis Gartenbank abzuheben. Darauf haben Moppi und Schnatterinchen nämlich auch Platz und können gleich mitfliegen. Als Copilot und Stewardess. Dann ist alles ganz genau so, wie in einem richtigen Flugzeug und nichts kann schief gehen, siehste.

Der Elefant
im Blumenbeet

Wenn Pittiplatsch, dem Lieben, etwas passiert, was eigentlich nicht passieren sollte, hat er immer ein oder zwei gute Ausreden auf Lager. Nur neulich, die Sache mit dem Elefanten im Blumenbeet, die ging gründlich daneben und das kam so:

Am liebsten spielt Pitti mit Moppi Fußball, weil er dann immer Torschützenkönig ist, siehste. Pitti ist nämlich super treffsicher und Moppi ist als Torwart einfach eine Niete. An diesem Nachmittag stand es schon sieben zu null für Pittiplatsch, die Sportskanone; davon hatte Moppi fünf Eigentore geschossen, platschquatsch.

„Die Kickerei macht heute keinen Spass, der Himmel ist viel zu blau!", muffelte Moppi, als Pitti schon wieder einen Supertreffer

quer durch den ganzen Garten schoss. Natürlich hatte Torwart Moppi auch diesen Ball nicht gehalten. Er landete direkt in Schnatterinchens Blumenbeet! Volltreffer sozusagen, nur waren dadurch leider einige ihrer Blumen futsch. Als Pitti versuchte, die abgeknickten Stängel zu

reparieren, kam gerade die Schnatter-Ente angewatschelt. So ein Pech!

„Naknaknak, jetzt bin ich aber stinksauer! Wer von euch Rabauken war das?", fragte sie streng, als sie den knallroten Fußball zwischen ihren Blumen liegen sah.

„Jetzt ist die Katastrophe perfekt", murmelte Moppi schon ganz kleinlaut.

Aber, denke, denke, dem kleinen schlauen Pittiplatsch fiel direkt eine besonders gute Ausrede ein, siehste. Er erzählte Schnattchen, dass ein Elefant im Garten Fußball gespielt und den Ball ausgerechnet ins Blumenbeet gesetzt hatte.

„Wie bitte, Pitti, ein Elefant?", fragten Schnatterinchen und Moppi fast gleichzeitig.

Zum Glück begriff Moppi im gleichen Augenblick, dass jetzt nur eine geniale Notlüge helfen konnte.

„Ja, Schnattel, stell dir vor, ein unglaublich großer Elefant mit seinen vier riesigen Elefantenstampfern stand plötzlich da. Erst nahm er den Fußball mit dem Rüssel hoch, dann holte er mit dem hinteren linken Elefantenbein aus, und hast du nicht gesehen, hatte dieses Tier den Fußball schon mitten in deine Blumen gedonnert", flunkerte Moppi.

„Ich sehe aber keinen Elefanten, naknaknak. Ich sehe nur euren roten Fußball in meinem Blumenbeet und euch beide", sagte sie.

Pitti musste nachhelfen und erklärte Schnatterinchen, dass sie den Elefanten auch gar nicht sehen könne. Der war natürlich gleich weggelaufen, weil Pitti und Moppi mit ihm geschimpft hatten, logisch!

„Ja, genau, Schnattelchen. Ich und Pitti haben so sehr mit ihm gemeckert, dass er gleich zum Zirkus zurückgelaufen ist. Da schämt er sich jetzt bestimmt ganz gewaltig", unterstützte Moppi seinen lieben Pitti.

„Jungs, wo bitte ist hier ein Zirkus?", fragte Schnatterinchen wütend. Jetzt war Moppi nicht mehr zu stoppen. Ach, du meine Nase, es flunkerte einfach so aus dem Hund heraus. „Schnattchen, hast du denn den großen Zirkus am Waldrand nicht gesehen? Hör mal ganz genau hin. Dann kannst

du in der Ferne sogar die Zirkusmusik und den Applaus der Menschen hören", sagte er. Kein Wort davon war wahr. Mit Moppi ging die Hunde-Phantasie durch, aber gewaltig, platschquatsch.

„Ich höre überhaupt nichts! Und ich bin stinksauer, das könnt ihr eurem Elefanten ausrichten, wenn ihr ihn seht, naknak!" Mit diesen Worten zog Schnatterinchen ab. „Pitti, die Idee mit dem Elefanten war prima! Die Schnatter-Ente hat überhaupt nichts gemerkt", freute Moppi sich und Pitti war auch recht zufrieden.

Beim Fußballspielen stand es bald siebzehn zu null, für Pitti natürlich. Der Moppi-Hund kapiert die Sache mit den Eigentoren einfach nicht.

Als wir aber später bei Schnatterinchen unseren Abendkakao trinken wollten, kam uns unsere Ausrede leider dazwischen, sozusagen.

„Jungs, naknak, ich kann dem Elefanten nicht länger böse sein. Gerade war er noch einmal hier und hat sich bei mir entschuldigt. Na, und weil er so großen Durst hatte, ihr wisst schon, vom Fußballspielen, habe ich ihm Kakao gegeben. Drei große Eimer hat er leer getrunken, stellt euch das einmal vor."

Pitti hatte verstanden, Moppi auch! Die Schnatter-Ente hatte Recht. So ganz in Ordnung war unsere Notlügerei wirklich nicht gewesen. Und als wir uns entschuldigt hatten, da war schnell alles wieder gut.

„Die hat der Elefant für euch übrig gelassen", kicherte Schnatterinchen, als sie die Zitronenlimo in die Tassen zischen ließ.

Später, beim Einschlafen, hatte Pitti dann noch einen seiner ganz guten Einfälle. Wenn sich Pitti wieder einmal eine Notlüge ausdenken muss, dann werden ihm nur noch kleine Häschen oder Mäuschen aus der Patsche helfen. Die trinken nämlich nicht drei Eimer Kakao, wenn sie Durst haben, sondern höchstens ein kleines Schlückchen, siehste.

Pitti wird Löwenbändiger

Wenn Pitti groß ist, wird er Löwenbändiger im Zirkus, kannste glauben. Gestern hat Pitti schon mal geübt, mit Moppi. Aber Moppi hat Pittis Löwenglanznummer total verhauen und das kam so:

Pitti hatte seine Zirkusdirektorenausrüstung angezogen: schwarzer Zylinder, rot-weiß gestreifte Weste und ein Stöckchen in der Hand. Jetzt fehlte nur noch ein Löwe, der von Pittiplatsch dressiert werden wollte, platschquatsch.

„Pitti, du spinnst wohl! Warum soll ich denn dressiert werden. Ich bin ein friedlicher Hund und höre auf's Wort, wenn Schnatterinchen mich zum Essen ruft. Und warum hast du dich überhaupt verkleidet?", meckerte Moppi.

Pitti erzählte ihm die Sache mit der atemberaubenden Löwenbändigernummer für den Zirkus und dass er, der wilde Löwe Leo, vom mutigen Zirkusdirektor Pittiplatsch höchstpersönlich gebändigt werden würde.

„Pitti, was soll denn dieser Leo-Quatsch? Ich heiße Moppi, das weißt du doch", murrte Moppi.

Ganz allmählich ging Pitti dieser begriffsstutzigste aller Hunde ganz schön auf die Nerven. Mit strenger Zirkusdirektorenstimme befahl Pitti dem Moppi-Hund keine Fragen

mehr zu stellen, sondern einfach zu gehorchen, wie richtige Löwen im richtigen Zirkus das eben tun.

Der Zirkusdirektorentonfall hat aber bei Moppi überhaupt nicht funktioniert. Erst als Pitti das Zauberwort ‚Keks' ins Spiel brachte begann Moppi zu verstehen.

„Also Pitti, du meinst, wenn ich deinen Löwenbändiger-Unsinn mitmache, dann bekomme ich für jedes Kunststück einen Keks?", fragte er, jetzt sehr interessiert.

Pitti versprach's und schon verschwand ein Keks in Moppis Hundeschnauze.

„Na gut, ich höre auf den Namen Leo", sagte er jetzt großzügig.

Das war geschafft, nun musste Moppi nur noch aussehen, wie ein wilder Löwe.

Moppi probierte es mit einem Papierhut, aber das war natürlich Quatsch. Pitti hatte die bessere Idee! Er band Moppi einfach den unteren Teil von Schnatterinchens Staubmopp um den Kopf. Perfekt! Die Vorstellung konnte beginnen.

Als erste Attraktion sollte Moppi bis zwanzig zählen und dann durch einen Reifen springen, den Zirkusdirektor Pittiplatsch höchstpersönlich mit der linken Hand in die Luft halten würde.

Pitti stand ewig da und hielt den Reifen hoch, aber Moppi konnte einfach nicht bis zwanzig zählen. Immer wieder fing der dusselige Hund von vorne an. Pittis Arm wurde schwerer und schwerer.

Löwenbändiger zu sein ist sehr harte Arbeit, kannste glauben!

Eine halbe Stunde später hatte Moppi es geschafft bis zwanzig zu zählen. Nur, inzwischen hatte der Hund vergessen, dass er auch noch durch den Reifen springen sollte.

Es war nicht daran zu denken, stattdessen bestand Leo-Moppi auf seinem Keks: „Pitti, mit einem zahlenbegabten Löwen wie mir hast du richtig Glück. Diese Nummer wird die Leute vor Begeisterung von den Zirkusbänken reißen, ganz bestimmt", prahlte Moppi, während er sich zwei Kekse in die Hundeschnauze stopfte.

Langsam zweifelte Pitti daran, dass Moppi als Zirkuslöwe wirklich die richtige Wahl gewesen war. Trotzdem, einen Versuch wollte Pitti mit Leo-Moppi noch starten. Und zwar die Glanznummer einer jeden Zirkusvorstellung! Moppi sollte sein Hundelöwenmaul weit aufreißen und Pitti wollte seinen Kopf, samt Zylinder, hineinlegen. Bei diesem gefährlichsten aller Kunststücke würden die Zuschauer vor Begeisterung den Atem anhalten.

Nur Moppi war nicht begeistert. Der wollte für diese Anstrengung auf jeden Fall vorher einen Keks haben und hinterher zwei. Pittis ganze Zirkusdirektorengeduld war nun gefragt, so ist das eben bei der Arbeit mit wilden Tieren, siehste.

Leo-Moppi hatte seinen Keks schon zur Hälfte in der Hundeschnauze, als er niesen musste. Seine Löwenmähne, also Schnatterinchens Staubmopp, hatte ihn an der Nase gekitzelt.

Ach, du meine Nase, dieser

dumme Nieser war wirklich löwenstark. Feuchte Kekskrümelchen mit Hundespucke landeten direkt auf Pittis empfindlicher Koboldnase, igittigitt!

Genau in diesem Unglücksmoment kam die Schnatter-Ente angewatschelt.

„Jungs, wo sind die Kekse? Wo ist mein Staubmopp?", fragte sie. Pitti musste zugeben, dass Moppi inzwischen alle Kekse aufgefuttert hatte, ohne auch nur eine einzige zirkusreife Nummer zu beherrschen. Na, und wo ihr Staubmopp war, das sah die Schnatter-Ente ja selbst.

„Naknaknak, ein klebrig-krümeliger Hundelöwennieser ist wirklich eine tolle Zirkusnummer", kicherte Schnatterinchen und Pitti beendete diese Vorstellung erst einmal.

Dass Moppi als Löwe Leo wirklich ungeeignet ist, das hat er ja bewiesen. Na, und Ähnlichkeit mit einem Löwen hat der Hund ja auch nicht.

Und deshalb dressiert Pitti morgen Schnatterinchen. Denn ein Zirkuslöwe auf Watschelbeinen und mit einem Entenschwanz, das ist doch wirklich eine Sensation, siehste.

INHALTSVERZEICHNIS

IMPRESSUM

ISBN 3-7302-1897-2
© 2005 MDR, RBB und Telepool, GmbH
Lizenz durch BFC Distribution
Erschienen im Buchverlag Junge Welt
1.Auflage
Die Geschichten mit Pittiplatsch sind mit Originalfotos
aus den Sandmann-Filmen ausgestattet.
Die Kalli-Texte entstanden nach Geschichten von
Renate Kaye, Julia Boehme, Stefan Schwarz,
Andreas Strozyk.